Roberta Russo

A ÁRVORE DA VIDA
E OUTROS SÍMBOLOS CRISTÃOS

Dados Internacionais de Catalogação na Publicação (CIP)
(Câmara Brasileira do Livro, SP, Brasil)

Russo, Roberta
  A árvore da vida e outros símbolos cristãos / Roberta Russo ; tradução
de Thácio Siqueira. – São Paulo : Paulinas, 2021.
  296 p. (Temas de religião)

  Bibliografia
  ISBN 978-65-5808-045-9
  Título original: L´albero della vita e gli altri simboli cristiani

  1. Sinais e símbolos - Cristianismo 2. Arte e simbolismo cristãos
3. Igreja Católica - Símbolos I. Título II. Siqueira, Thácio

21-0034   CDD 203.7

Índice para catálogo sistemático:

1. Simbologia cristã   203.7

Angélica Ilacqua – Bibliotecária – CRB-8/7057

Título original: *L´albero della vita e gli altri simboli cristiani*
© 2017, Fondazione Terra Santa - Milano
Edizioni Terra Santa - Milano

1ª edição – 2021

Direção-geral: *Flávia Reginatto*
Editores responsáveis: *Vera Ivanise Bombonatto*
João Décio Passos
Tradução: *Thácio Siqueira*
Copidesque: *Ana Cecilia Mari*
Revisão: *Sandra Sinzato*
Coordenação de revisão: *Marina Mendonça*
Gerente de produção: *Felício Calegaro Neto*
Capa e projeto gráfico: *Ana Claudia Muta*
Imagem de capa: *A Árvore da Vida – Gustav Klimt,*
Museu de Artes Aplicadas, Viena

Nenhuma parte desta obra poderá ser reproduzida ou transmitida
por qualquer forma e/ou quaisquer meios (eletrônico ou mecânico,
incluindo fotocópia e gravação) ou arquivada em qualquer sistema ou
banco de dados sem permissão escrita da Editora. Direitos reservados.

Paulinas
Rua Dona Inácia Uchoa, 62
04110-020 – São Paulo – SP (Brasil)
Tel.: (11) 2125-3500
http://www.paulinas.com.br – editora@paulinas.com.br
Telemarketing e SAC: 0800-7010081
© Pia Sociedade Filhas de São Paulo – São Paulo, 2021

SUMÁRIO

Introdução 7

A árvore da vida

1. Árvore do mundo 17
2. Árvore da vida 20
3. Árvore do conhecimento 23
4. Árvore da cruz 25
5. Tau 27
6. Árvore de Jessé 30
7. Árvore de Natal 33
8. Figueira 36
9. Candelabro 39
10. Jardim 42

Símbolos cosmogônicos

11. Abismo 47
12. Arco-íris 49
13. Céu 52
14. Estrelas 54
15. Compasso 56
16. Livro 58
17. Lua 61
18. Nuvens 64
19. Sol 67
20. Zodíaco 70

Símbolos bíblicos

21. Serpente 75
22. Dragão 78
23. Arca 81
24. Maçã 84
25. Levedura 86
26. Babel 89
27. Baleia 92
28. Espada 94
29. Anjos e demônios 96
30. Vinha 99

Símbolos das catacumbas

31. Cordeiro 103
32. Âncora 106
33. Pomba 108
34. Fênix 111
35. Monograma de Cristo 113
36. Barco 116
37. Palma 119
38. Pastor 122
39. Pavão 124
40. Peixe 127

Símbolos antropomórficos

41. Adão 133
42. Adão e Eva 135
43. Abraão 137
44. Messias 139
45. Virgem Maria 141
46. Magos 144
47. Apóstolos 147

48. Evangelistas 149
49. Pantocrator 151
50. Longino 153

Símbolos numéricos

51. Um 159
52. Três 161
53. Quatro 163
54. Cinco 165
55. Seis 167
56. Sete 169
57. Oito 172
58. Doze 174
59. Quarenta 176
60. Cem 178

Símbolos arquitetônicos

61. Porta 183
62. Torre 185
63. Coluna 187
64. Pedra 190
65. Escada 193
66. Vitral 196
67. Altar 199
68. Cúpula 202
69. Labirinto 204
70. Jerusalém 207

Símbolos místicos

71. Nudez 211
72. Beijo místico 213
73. Fogo 216

74. Montanha 219

75. Coração 222

76. Deserto 224

77. Noite 227

78. Luz 229

79. Girassol 232

80. Sopro 234

Símbolos teológico-espirituais

81. Credo 239

82. Trindade 242

83. Jejum 245

84. Quaresma 248

85. Cinzas 251

86. Peregrinação 253

87. Sangue 256

88. Coroa 258

89. Cinto 261

90. Pérola 263

Símbolos rituais

91. Água 267

92. Óleo 270

93. Pão 272

94. Vinho 275

95. Cálice 278

96. Mão abençoando 281

97. Veste branca 284

98. Incenso 287

99. Ícone 290

100. Amém 293

Bibliografia resumida 295

INTRODUÇÃO

O "jardim secreto"

Cem temas para não se perder no universo simbólico cristão

É 1905. No Palácio Stoclet, uma residência particular recém-construída em Bruxelas pelo arquiteto Joseph Hoffmann, algo incrível acontece. A mansão é considerada uma obra-prima e as decorações de seu interior são confiadas às mãos de grandes artistas incumbidos de fundir a arte com a vida. Um deles é Gustav Klimt. O artista é encarregado da sala de jantar, e, para isso, ele criará uma obra de rara beleza, um majestoso mosaico em três painéis compostos de pedras duras, esmaltes, mármores, madrepérolas: *a árvore da vida*. Uma espécie de tríptico majestoso, em que três criações únicas, com sete metros de comprimento, se misturam para narrar uma única grande história.

No centro do trabalho se destaca uma árvore de ouro com mil ramos espirais, que se entrecruzam, formando figuras que parecem nuvens e ondas. Para além da mensagem precisa que o artista quer transmitir, essa árvore é um arquétipo, e sempre tem um significado simbólico declinado em muitas culturas desde a aurora da arte: a árvore do conhecimento, a árvore da vida.

No painel da esquerda é possível admirar uma figura feminina com a cabeça virada para a direita. Esta parte do mosaico, de impacto brilhante, é chamada "A espera". A posição pouco natural da mulher, o seu penteado, as suas roupas e a sua beleza oriental remetem às pinturas do antigo Egito e ao estilo figurativo daquele mundo distante. A garota é uma dançarina, seu corpo tem uma altura anormal, sobrenatural, e o vestido colorido está coberto com triângulos dourados que parecem pingentes.

No painel à direita, destaca-se a representação evocativa de dois jovens que se apertam carinhosamente em um abraço, que é uma coisa só com o manto estriado que envolve a ambos; doçura e paixão permeiam a cena e contagiam o observador. Nesta parte do tríptico, intitulada "O abraço", o corpo do homem domina a figura da mulher, deixando escapar apenas o rosto dela. As vestes e tudo o que os rodeiam são brilhantes de vermelho, ocre e dourado, fragmentos de esplendor que se incrustam em jogos virtuosos de figuras geométricas.

Depois do pecado da desobediência do Éden, Klimt quer afirmar a reconciliação entre o homem e a mulher, a alegria de um contato redescoberto. *A árvore da vida*, portanto, aparece como uma conjunção entre a espera e a reconciliação; quebra a solidão da mulher e conduz ao calor dos dois amantes. A diferença marcante entre o primeiro e o terceiro painel também aparece na geometria das roupas: a mulher tem decorações rígidas, triangulares, enquanto as duas figuras estão envolvidas pelo movimento suave dos círculos coloridos. A árvore se encontra entre a feroz gravidade do dançarino e o abandono do amor dos dois jovens. Em um galho da árvore, vê-se um pássaro preto empoleirado, que se destaca por sua total falta de cor: é figura-símbolo da morte, uma ameaça sempre presente que, imóvel, espera.

***

A árvore do mundo, ou árvore da vida, é um dos símbolos mais antigos, ricos em significado e conhecidos na história humana. Em torno desse arquétipo do imaginário coletivo, ainda hoje rico de encanto e mistério, floresceu – como veremos neste livro – o universo simbólico de toda a humanidade e do cristianismo.

Olhando para as obras de arte, mas não só, é frequente notar – mais ou menos de forma distraída – gravuras, grafites, decorações em paramentos sagrados, tabernáculos, altares, ícones, juntamente com desenhos de animais, flores, frutos e outros sinais incompreensíveis; nesses casos é natural perguntar-se sobre o seu significado.

Em primeiro lugar, é necessário especificar a diferença substancial entre *símbolo* e *sinal*.

No *sinal* – seja uma representação, objeto, elemento ou inscrição – nós quase imediatamente aprendemos a mensagem. Um sinal de trânsito limita-se a indicar, mas não tem nada a ver com a realidade indicada.

O *símbolo*, no entanto, sempre contém pelo menos parte da realidade a que se refere: a bandeira de um Estado, por exemplo, que se expõe para honrar a realidade da nação a que pertence, traz consigo profundos significados institucionais e emocionais.

Destruir um sinal de trânsito é um vandalismo, queimar uma bandeira significa odiar, querer atacar toda a nação.

O símbolo une duas realidades aparentemente diferentes. A palavra grega *Symbolon* deriva do verbo *syn-ballein*, que significa "juntar", "unir". Somente um acordo, uma convenção mais ou menos tacitamente adquirida, cria o vínculo, que, uma vez aceito, se torna uma ferramenta emocionalmente significativa e envolvente. O símbolo liga a realidade simbolizada e o sujeito que faz a experiência. Por exemplo: para os cristãos, o pão consagrado pelo sacerdote na Eucaristia é o corpo divino de Cristo, quem come dele participa da sua substância.

O termo religião (do latim *religio*, da raiz *re-ligar*, ligar à "coisa") é semelhante, e deve ser entendido na acepção daquelas práticas rituais que colocam em relação comunidade de indivíduos com o divino e os próprios indivíduos entre si.

***

O simbolismo religioso, devido às suas características de simplicidade, imediatismo e universalidade, deveria facilitar a compreensão de conceitos teológicos e a disseminação de crenças nos respectivos cultos em vastos estratos da população. As imagens sagradas – pinturas, afrescos, estátuas... – são símbolos que deveriam ajudar a oração e fortalecer a devoção.

No início do cristianismo, o uso do símbolo também dependia da proibição de idolatrar as imagens; a iconoclastia herdada pela tradição hebraica, na verdade, impedia qualquer representação de Cristo e de Maria.

Além disso, os primeiros cristãos perseguidos, desprovidos de lugares de culto público, desenvolveram um código paradigmático para evocar e nutrir o caminho de fé, adotando sinais pagãos e atribuindo-lhes um significado religioso; usaram, como sinais expressivos e de pertença, algumas formas estilizadas (o peixe, a âncora, a pomba, a fênix); eram emblemas de origem pagã que tinham de levar os fiéis a um conhecimento mais profundo do cristianismo, ao mesmo tempo que evitavam expor os "mistérios" da fé aos profanos.

Com exceção de algumas nuances, o simbolismo cristão até Constantino tinha as mesmas características, embora em lugares distantes e diferentes. As imagens foram feitas com ferramentas grosseiras: alguns grafites com uma faixa estreita de cores eram suficientes para comunicar o essencial e catequizar de forma eficaz.

O aspecto mais marcante é a unidade de estilo e a repetição dos temas, que se encontram na Ásia Menor, na Espanha, no Norte da África e na Itália: os símbolos permanecem os mesmos. Uma unidade da qual não se encontra traços em nenhuma disposição oficial da Igreja, portanto, ainda a ser explicada.

É preciso salientar que naquele período as imagens ainda não eram objeto de culto: não eram veneradas, porque não eram representações diretas de Cristo ou da Virgem; permaneciam na esfera totalmente evocativa do simbolismo.

***

Cada linguagem age como portadora e mediadora de significados. Portanto, também a linguagem dos símbolos vive da tensão entre significante e significado. No entanto, enquanto as unidades linguísticas – como, por exemplo, o vocábulo do objeto escolhido de tempos em tempos – são somente atribuídas, o símbolo une o significante e o significado o máximo possível. No passado – sobretudo na visão mítico-mágica do mundo – esse vínculo era tão próximo que quase sempre equivale a uma identidade. Muitos significados, que ouvimos hoje apenas como símbolos, eram outrora concebidos como a própria realidade: o sol não era símbolo de luz divina, mas era ele próprio um deus; a serpente não era a imagem simbólica do maligno, mas era o Mal; a cor vermelha não era símbolo da vida, mas a própria energia vital. As fronteiras entre o imaginário mítico-mágico e o pensamento simbólico, portanto, não podem ser delineadas com precisão.

Uma outra característica do símbolo é a sua ambivalência, tão fortemente marcada que chega ao ponto em que significados opostos podem coincidir em um único emblema. Se podemos dissolver ou mitigar a ambiguidade de sinais linguísticos, falados ou escritos, por meio da adição de outros sinais e a observância de regras gramaticais, somos capazes de traduzir a ambivalência de um símbolo só de forma sempre vaga e aproximada: a riqueza da imagem simbólica permanece, no final, intraduzível, exceto pelo olhar interior.

As duas dificuldades mencionadas – identidade e ambiguidade – são apresentadas a todos aqueles que lidam com símbolos. Este caminho em cem temas teve em conta os dois problemas, querendo informar, em um pequeno espaço, sobre o universo simbólico cristão, que tomou emprestado muitos de seus sinais de âmbitos culturais anteriores e diferentes.

O caminho deste pequeno livro certamente não é exaustivo e deu preferência àqueles símbolos dos quais o indivíduo que exalava a fé e a cultura cristã é ainda consciente, seja ele um fiel ou não.

O conceito de símbolo foi amplamente compreendido, mas, por razões óbvias de síntese, só foram tocadas as grandes questões teológicas e os dogmas.

Ocasionalmente, foram incluídas concepções metafóricas de tipo simbólico que, por exemplo, vivem em nossa consciência como modos de falar ou expressões familiares.

Interpretações psicanalíticas de símbolos foram oferecidas apenas quando sua relação com a psicologia do profundo era particularmente evidente, embora seja óbvio que toda interpretação simbólica tem sua própria relevância psicanalítica.

O leitor encontrará no presente volume, com base nos exemplos, uma visão geral do pensamento simbólico cristão e, ao mesmo tempo, será estimulado a continuar a pesquisa sozinho.

**

Por que as antigas cruzes armênias nunca representam o corpo morto de Jesus, mas uma árvore florida? Em que época histórica começou-se a desenhar a figura de Cristo com um peixe? De onde vêm os emblemas que indicam os quatro evangelistas? O que as letras gregas Alfa e Ômega significam na auréola do "Juiz do Mundo"?

Sinais crípticos, símbolos enigmáticos e escritos misteriosos aparecem nas paredes das catacumbas, nos mosaicos das grandes basílicas, nos paramentos litúrgicos, nos altares, nos ícones e em toda a literatura sagrada do *Gênesis* ao *Apocalipse*. Como já mencionado, o símbolo une duas realidades aparentemente separadas, que só se encontram em uma convenção tacitamente adquirida, de modo que é difícil apreender a herança espiritual de uma grande tradição religiosa.

Este pequeno guia quer introduzir no "jardim secreto" do imaginário simbólico cristão que marcou a história do Ocidente, do hebraísmo à era pós-moderna.

Uma ferramenta ágil voltada a todos os interessados em religião, arte, cultura e antropologia. A sua finalidade é fornecer informações essenciais sobre o passado e o presente daqueles símbolos em torno dos quais o homem moderno ainda hoje se questiona.

Com uma linguagem popular, mas que não renuncia a ser precisa, a pesquisa leva em conta as fontes acadêmicas mais credenciadas. Um mapa que, em cem temas, oferece uma bússola para se orientar em um universo iconográfico que, ainda hoje, é extraordinariamente loquaz.

Esperamos que esta leitura possa ajudar a não liquidar os símbolos com superficialidade, mas a reativar os restos atrofiados do nosso pensamento metafórico. Porque, se é verdade que o símbolo nunca é tão catedrático quanto a palavra, ele sugere ao inconsciente muito mais do que a realidade pela qual somos nutridos e a fé que professamos.

A árvore da vida

1

ÁRVORE DO MUNDO

O arquétipo

A árvore do mundo, ou árvore da vida, é um dos símbolos mais antigos, ricos de significado e conhecidos da história humana. Um verdadeiro arquétipo do imaginário coletivo. Foi venerado como uma imagem de entidades divinas e como lugar de permanência de poderes sagrados.

A latifolha, com a folhagem que se renova anualmente, era especialmente um símbolo da regeneração da vida, que periodicamente desafia a morte; a acutifoliada, sempre-verde, era considerada símbolo de imortalidade.

A figura da árvore – com as raízes fixas ao chão, o forte tronco que cresce verticalmente e a copa que parece tender ao céu – sempre foi uma referência à conexão entre as profundidades do solo e a esfera cósmica, entre a vida na terra e os dons preciosos do céu (água, luz, vento...). Estes aspectos se espelham na concepção da *árvore do mundo*, que era vista como um suporte da terra ou, mais frequentemente, como a personificação da *árvore cósmica*: na mitologia nórdica é conhecido, por exemplo, o "freixo cósmico": *Yggdrasil*; no Egito, o sicômoro sagrado e o *Djed* (a espinha dorsal de Osíris) desempenham um papel importante no esoterismo egípcio;

sob diferentes nomes, uma mesma percepção se instalou também em culturas mais distantes: a árvore da vida se chamava – e é chamada – *Aśvattha* entre os hindus e *ficus religiosa* entre os budistas.

As espessas copas dessas "árvores do firmamento" eram frequentemente habitadas por animais fantásticos, pelas almas dos defuntos e dos nascituros, ou até mesmo acreditava--se que os seus ramos sustentassem outros astros, incluindo o sol e a lua, crescente ou minguante.

Com provável referência ao zodíaco, sobretudo na Índia e na China, acreditava-se que doze pássaros solares viviam entre as folhas da árvore cósmica para representar os doze estados de elevação do ser.

As interpretações antropomórficas são bastante difundidas: a árvore está de pé como o homem e envelhece e morre como ele; aparece em várias civilizações primitivas – da Ásia Central, do Japão, da Coreia, da Austrália – como um ancestral mitológico dos homens. Uma outra identificação da árvore com o homem é testemunhada pelo costume, difundido em diferentes áreas da Índia, de casar a esposa com uma árvore antes das núpcias com o objetivo de fortalecer a fertilidade; a este contexto religioso pertencem também os casamentos simbólicos entre duas árvores, cuja força é transferida para o casal.

Acreditava-se que o fogo vivia escondido na madeira de certas árvores, de onde podia ser extraído pelo ato de esfregar.

A tradição hindu também concebeu uma árvore crescida de cabeça para baixo, cujas raízes estão ancoradas no céu e os galhos se alargaram no subsolo, em associação com o conceito místico de altura e profundidade.

A árvore do mundo gerou, então, a *árvore da vida* (ver *Árvore da vida*, n. 2), representação das forças materiais e imateriais, conexão entre o mundo material e o das ideias.

2

ÁRVORE DA VIDA

No princípio

Acredita-se que a árvore da vida seja uma adaptação hebraica de símbolos já presentes entre os povos antigos (ver *A árvore do mundo*, n. 1).

No primeiro livro do Antigo Testamento lemos: "Iahweh Deus plantou um jardim em Éden, no oriente, e aí colocou o homem que modelara. Iahweh Deus fez crescer do solo toda espécie de árvores formosas de ver e boas de comer, e a árvore da vida no meio do jardim, e a árvore do conhecimento do bem e do mal" (Gênesis 2,8-9).

A tradição ligada ao *Midrash* (um dos métodos hebraicos de interpretação dos textos sagrados) e ao *Zohar* (o livro mais importante do misticismo cabalístico) acreditava que originalmente as duas árvores estavam unidas. Foi o próprio Adão que separou suas raízes quando, antes do pecado original, ele tinha poder sobre a Criação e ainda se dirigia diretamente à Sabedoria divina.

Após aquela separação, Iahweh impôs uma ordem ao homem: "Podes comer de todas as árvores do jardim. Mas da árvore do conhecimento do bem e do mal não comerás, porque no dia em que dela comeres terás que morrer" (Gênesis 2,6).

A proibição só dizia respeito à árvore do conhecimento. Antes da desobediência, Adão, de fato, podia comer todos os frutos, também aqueles da árvore da vida.

Após a transgressão, a árvore da vida foi escondida por Deus para impedir que Adão, que agora conhecera e absorvera o mal, tivesse acesso ao segredo da vida eterna e, portanto, tornasse absoluto o princípio do mal. Os progenitores experimentariam a morte e a destruição que eles mesmos haviam escolhido.

Depois de perder o estado de inocência do Jardim do Éden (ver *Jardim*, n. 10), a humanidade não tinha mais acesso direto à árvore da vida, que, no entanto, para o misticismo cabalístico hebraico, é a única resposta verdadeira ao desejo de alegria, de infinito e de eternidade que habita no coração do homem.

A árvore da vida é a síntese dos mais importantes ensinamentos da Cabala. É um diagrama abstrato e simbólico, com a forma de árvore, composto por dez entidades, chamadas *Sephirot*, dispostas ao longo de três ramos verticais paralelos.

O tronco-pilar central se estende acima e abaixo dos outros dois. As *Sephirot* correspondem a importantes conceitos metafísicos, isto é, aos diferentes níveis espirituais a serem alcançados para retornar ao encontro com o divino. São também um caminho ético para o hebreu praticante.

A árvore da vida é o programa segundo o qual ocorreu a criação dos mundos; é o caminho de descida ao longo do qual as almas e as criaturas chegaram à sua forma atual, mas é também o caminho de retorno, através do qual toda a Criação pode voltar à meta que tudo anseia: a unidade no "ventre do Criador", segundo uma famosa expressão da mística hebraica. A árvore da vida é a escada de Jacó (ver *Escada*, n. 65), cuja base repousa sobre a terra e cujo topo toca o céu. Ao longo da escada, os anjos sobem e descem, assim como a conscientização dos seres humanos.

3

ÁRVORE DO CONHECIMENTO

Agarrar a Sabedoria

A árvore da vida representa a abundância original do Paraíso e é, ao mesmo tempo, um símbolo da aguardada realização escatológica do fim da história. A árvore do conhecimento representa, com seu fruto atraente, a tentação de transgredir a proibição divina, e é a outra árvore do Éden mencionada no *Gênesis* que produziu o chamado "pecado original", como resultado da desobediência à proibição imposta por Deus a Adão e Eva de comer seus frutos.

As duas interpretações – hebraica e cristã – daquela ancestral transgressão são muito diferentes entre si e o próprio significado da árvore muda de acordo com as leituras simbólicas.

Segundo o texto de Gênesis, a árvore do conhecimento do bem e do mal foi colocada no centro do jardim.

Adão e Eva comeram o fruto proibido e mereceram o castigo prometido por Deus: a morte. Para recuperar o direito de viver poderiam ter comido o fruto da árvore da vida, mas Deus ordenou: "Que agora ele não estenda a mão e colha também da árvore da vida, e coma e viva para sempre" (Gênesis 3,22).

Segundo as palavras da serpente, depois de comer da árvore do conhecimento, Adão poderia ter disputado com Deus a própria onipotência, mas foi rapidamente expulso, para que, por toda a eternidade, nenhum homem ou mulher jamais pudesse comer da árvore da vida. Eva deu, então, o suco da fruta proibida aos animais, e daquele momento em diante a morte também começou a valer para eles.

Os mestres da tradição hebraica ensinam que a transgressão foi, de algum modo, justificável como uma tentativa de compreender a Sabedoria. Aquela livre escolha foi, no entanto, a origem e a raiz de todos os males subsequentes.

Um *midrash* ensina que originalmente a árvore do conhecimento do bem e do mal estava vinculada à da vida, ambas colocadas no Jardim do Éden: com o pecado, Adão quebrou o vínculo. Outro ensinamento afirma que Adão, até então sábio e dotado de sabedoria celestial, quis ver o que estava do outro lado do bem, significando com isso o mundo da impureza: o conhecimento adquirido por Adão e Eva não era de fato o da Torá, mas aquele conatural ao pecado.

Para alguns exegetas hebraicos, a própria Torá é a árvore da vida, mas os homens não o sabem. Para o cristianismo, a árvore do conhecimento é símbolo da tentação e do pecado, do orgulho e da fragilidade humana.

A história da árvore do conhecimento do bem e do mal também é mencionada no Alcorão, livro sagrado do Islá, no qual Adão e Eva aparecem em uma sura em que Maomé diz claramente para ficar longe daquela árvore: "Ó Adão, mores no Paraíso, tu e tua esposa. Satisfaça-te onde quiseres, mas não te aproximes desta árvore, pois nesse caso vos tornaríeis iníquos" (*Sura* 2,35).[1]

---

[1] N.T.: Tradução nossa.

4

ÁRVORE DA CRUZ

Jesus venceu a morte

A cruz é o símbolo do cristianismo por excelência, reconhecido em todo o mundo. É uma representação do instrumento usado pelos romanos para a tortura e a execução capital através da crucificação, o tormento que, segundo os Evangelhos e a tradição, foi infligido a Jesus de Nazaré. É uma forma simbólica muito antiga, um arquétipo, que antes do cristianismo já havia assumido um sentido universal: representa a união do céu com a terra, da dimensão horizontal com a vertical, une os quatro pontos cardeais e era usada, bem antes de Cristo, para medir e organizar as plantas dos edifícios e das cidades. Com o cristianismo ela assume novos e complexos significados: como lembrança da paixão, morte e ressurreição de Jesus, e como uma advertência para imitar Jesus em tudo e por tudo, aceitando também o sofrimento.

A arte e a literatura cristã muitas vezes relacionam intimamente a árvore da vida e a cruz de Cristo, que, segundo o dogma de fé, reabriu as portas do Paraíso.

A representação da cruz com folhas, flores e frutos é símbolo da vitória sobre a morte; encontra-se principalmente na Armênia, na Alemanha e em alguns lugares da Itália.

Khachkar, em armênio, significa "cruz de pedra". É um memorial funerário esculpido. O aspecto mais comum é o de uma cruz florida, sem o corpo de Cristo, com uma pequena roseta ou um disco solar na parte inferior. O resto é geralmente gravado com motivos florais, cachos de uvas e decorações abstratas. Os armênios nunca retratam o corpo de Cristo morto na cruz; a cruz armênia quer referir-se diretamente à ressurreição. De fato, a razão mais comum para erigir um *Khachkar* era e é a salvação da própria alma.

Uma árvore cheia de folhas e frutos com o crucifixo às vezes se refere à árvore do conhecimento do Éden e, portanto, à remissão do pecado original graças ao sacrifício de Cristo.

Ainda hoje na liturgia da exaltação da Santa Cruz, no *Prefatio*, se proclama: "Pusestes no lenho da cruz a salvação da humanidade, para que a vida ressurgisse de onde a morte viera. E o que vencera na árvore do Paraíso, na árvore da cruz fosse vencido".

Luis Maria Grignion de Montfort, em *O segredo de Maria*, representa a devoção religiosa como "a verdadeira árvore da vida", a fim de ser cultivada no coração para obter o fruto: Jesus.

A mesma árvore retorna como ícone de salvação na descrição da "nova Jerusalém" do Apocalipse: "No meio da praça, de um lado e do outro do rio, há árvores da vida que frutificam doze vezes, dando fruto a cada mês; e suas folhas servem para curar as nações" (Apocalipse 22,2) "e se alguém tirar algo das palavras do livro desta profecia, Deus lhe tirará também a sua parte da árvore da vida e da Cidade Santa, que estão descritas neste livro!" (22,19).

5

TAU

O patíbulo do Messias

Alguns estudiosos criaram a hipótese de que a cruz se tornou um símbolo apenas sob o imperador Constantino, com o fim das perseguições contra os cristãos. Para os romanos a cruz era, de fato, um sinal de vitória.

Dado que é um sinal gráfico muito simples, a cruz se encontra em muitas culturas anteriores ao cristianismo, tanto como simples traço decorativo quanto como motivações funcionais e celebrativas.

O seu uso em contextos religiosos pagãos está associado a específicas variações gráficas: pensemos na suástica indo-europeia (*crux gammata*), na *ankh* egípcia ou na cruz celta. Relacionado com a cruz está também o Tau, típico dos cultos antigos do Oriente Médio e símbolo de fertilidade: por exemplo, no culto do deus Tamuz, cuja inicial era precisamente a letra T.

O Tau é considerado uma cruz, apesar da forma em T, precisamente porque os patíbulos romanos podiam ter também esta forma (chamada então *crux commissa*), em vez daquela de cruz latina (*crux immissa*). A tipologia da cruz latina, predominante no cristianismo, não aparece em nenhum desses cultos antigos.

No primeiro período do cristianismo, durante as perseguições, o símbolo da cruz é raramente encontrado nas catacumbas. Na verdade, inicialmente foi usado com hesitação, porque a tradição clássica considerava a morte na cruz muito vergonhosa. Por isso é menos frequente do que os outros símbolos pintados nas paredes dos túmulos cristãos: o peixe, a âncora, o cordeiro (ver seção *símbolos das catacumbas*). Acredita-se que tenha sido mais comum o uso da *crux dissimulata*, obtido, por exemplo, pela interposição da letra "tau" em maiúsculo (T) no centro do nome do falecido.

Só mais tarde a cruz recebeu um novo significado positivo como imagem da paixão de Jesus, mas acima de tudo do triunfo de Cristo sobre a morte.

A cruz – como o quadrado – participava do simbolismo do número quatro recordando os quatro pontos cardeais e a compenetração de dois âmbitos opostos: o céu e a terra, mas também o tempo e o espaço (ver *Quatro*, n. 53).

Na arte figurativa cristã aparece em múltiplas formas; as mais usadas são a cruz grega (com os quatro braços iguais) e a latina (com a haste inferior mais longa que as outras); há também a cruz monogramada (formada pelo cruzamento das duas primeiras letras gregas do nome de Cristo), a cruz ansata ou egípcia (*ankh*) e a cruz decussada ou de Santo André (formada por duas hastes oblíquas cruzadas em forma de X).

A forma muito antiga da cruz de forquilha (semelhante a um Y) faz alusão ao simbolismo da árvore da vida, e, na arte cristã, a cruz de Cristo brotando flores e frutas aparece como símbolo da salvação e da vida eterna (ver *Árvore da cruz*, n. 4).

A árvore da vida também aparece associada à ideia do Paraíso no Apocalipse: "Quem tem ouvidos, ouça o que o Espírito diz às igrejas: ao vencedor, conceder-lhe-ei comer *da árvore da vida que está no Paraíso de Deus*"[2] (Apocalipse 2,7).

---

[2] N.T.: Itálico próprio da edição brasileira usada nesta tradução.

6

ÁRVORE DE JESSÉ

A linhagem de Davi

Jessé tinha sete filhos e o último era Davi, que se tornaria o segundo rei de Israel. No livro das Crônicas se lê: "Jessé gerou Eliab, seu primogênito; Abinadab, o segundo, Samaá, o terceiro; Natanael, o quarto; Radai, o quinto; Asom, o sexto; Davi, o sétimo" (1 Crônicas 2,13-15).

Isaías profetiza a futura encarnação de Deus citando precisamente o pai de Davi: "Um ramo sairá do tronco de Jessé, um rebento brotará de suas raízes. Sobre ele repousará o espírito de Iahweh, espírito de sabedoria e de inteligência, espírito de conselho e de fortaleza, espírito de conhecimento e de temor de Iahweh" (Isaías 11,1-2), e alguns versículos depois: "Naquele dia, a raiz de Jessé, que se ergue como um sinal para os povos, será procurada pelas nações, e a sua morada se cobrirá de glória".

A expressão "raiz de Jessé", no cristianismo, indica a árvore genealógica de Jesus. A genealogia é registrada no Evangelho de Mateus (1,1-16) e no Evangelho de Lucas (3,23-38). No Evangelho segundo Mateus começa em Abraão e chega, de pai para filho, até Jesus, pulando os ancestrais durante a deportação para a Babilônia; no Evangelho segundo Lucas é descrito começando de Jesus, de trás para a frente, de filho para pai até Adão. O número de gerações, embora diferentes nas duas genealogias, é, em ambos, múltiplo de sete, número com um importante valor simbólico na literatura semítica (ver *Sete*, n. 56). Para Lucas, o nascimento de Jesus é o cumprimento da história de toda a humanidade, enquanto Mateus limitou-se a sublinhar o cumprimento da história do povo hebraico.

Na arte figurativa, a árvore genealógica de Cristo é geralmente representada como o rebento que cresce de Jessé adormecido, cujos ramos carregam as imagens dos antepassados de Jesus. A árvore de Jessé é um motivo frequente na arte cristã entre os séculos XI e XV. A mais antiga representação conhecida remonta a 1086 e aparece no Código Vissegradese, o evangelho ilustrado da coroação de Vratislao II da Boêmia.

Jessé é geralmente representado deitado, semideitado ou, na iconografia mais recente, sentado. Na arte românica, costuma ser apresentado deitado ao ar livre, enquanto na gótica aparece deitado em uma cama ricamente adornada, como nos vitrais da igreja de Saint-Etienne em Beauvais, que remontam a 1520.

Em muitas pinturas Jessé aparece adormecido, com a cabeça apoiada por uma mão. Esta posição é, por vezes, associada a um sonho profético referente à descendência do adormecido. Do seu lado, ou do ventre, ou também das costas, ou mais raramente da boca, se eleva uma árvore cujos ramos sustentam os ancestrais de Jesus, especialmente é fácil de reconhecer Davi por causa de sua harpa, até Maria.

Ainda presente na iconografia cristã do século XV, o motivo desaparece no século XVI com a Contrarreforma.

A árvore de Jessé passa por todas as artes: exemplos podem ser encontrados nos manuscritos ilustrados, nas gravuras, nos vitrais, na escultura monumental, nos afrescos e nas tapeçarias.

7

ÁRVORE DE NATAL

A vida que não morre

O Papa Bento XVI, Joseph Ratzinger, durante uma homilia de Natal lembrou que: "A árvore de Natal é um símbolo significativo do Natal de Cristo, porque com suas folhas sempre verdes recorda a vida que não morre"[3] (Discurso à delegação ucraniana para a entrega da árvore de Natal na Praça de São Pedro, Sala Clementina, 16 de dezembro de 2011).

A imagem da árvore como símbolo do renovar-se da vida é um tema pagão, popular no mundo antigo e medieval. A origem da tradição da árvore de Natal, no entanto, nunca foi claramente comprovada. Quase certamente o costume remonta à Alemanha do século XVI, embora uma lenda diz remontar a muitos séculos antes, a São Bonifácio, evangelizador dos povos germânicos (680 d.C.).

Conta-se que Bonifácio enfrentou os pagãos reunidos no "Carvalho sagrado do trovão de Geismar" para adorar o deus Thor. O santo, com um grupo de discípulos, chegou à clareira onde estava o "Carvalho sagrado" e, no momento em que se preparavam para realizar um rito de sacrifício humano, ele

---

[3] N.T.: Tradução nossa.

gritou: "Este é o seu carvalho do trovão e esta é a cruz de Cristo que vai despedaçar o martelo do falso deus Thor". Pegando um machado, começou a bater na árvore sagrada. Um forte vento surgiu abruptamente, a árvore caiu e se despedaçou em quatro partes. Atrás do imponente carvalho havia um jovem pinheiro verde. Bonifácio dirigiu-se novamente aos gentios:

> Esta pequena árvore, jovem filha da floresta, será sua árvore sagrada esta noite. É a madeira da paz, porque as suas casas são construídas de pinho. É o sinal de uma vida sem fim, porque as suas folhas estão sempre verdes. Vejam como desponta em direção ao céu. Que esta seja chamada de árvore de Cristo menino; reúnam-se em torno dela, não na floresta, mas em suas casas; lá não se realizarão ritos de sangue, mas dons de amor e gestos de bondade.

O santo conseguiu converter os pagãos e o chefe da aldeia pôs um abeto em sua casa, colocando velas sobre os galhos. Entre as primeiras referências históricas à tradição da árvore de Natal, a ciência, através do etnólogo Ingeborg Weber-Keller, identificou uma crônica de Bremen, de 1570, que conta a história de uma árvore decorada com maçãs, nozes, tâmaras e flores de papel. Mas é a cidade de Riga, capital da Letônia, a proclamar-se a sede da primeira árvore de Natal da história: na sua praça principal encontra-se uma placa escrita em oito idiomas, segundo a qual a "primeira árvore de Ano-Novo" foi decorada na cidade em 1510.

O costume de ter uma árvore decorada durante o período do Natal se espalhou no século XVII e no início do século seguinte já era uma prática comum em todas as cidades da Renânia.

Durante muito tempo, a tradição da árvore de Natal permaneceu típica das regiões protestantes da Alemanha e somente nas primeiras décadas do século XIX se espalhou também pelos países católicos. Hoje a tradição da árvore de Natal é universalmente aceita também no mundo católico.

Portanto, no cristianismo, a árvore de Natal é Cristo, a verdadeira árvore da vida.

8

FIGUEIRA

Infidelidade e sabedoria

O primeiro cinto mencionado na Bíblia é o das folhas de figueira com as quais Adão e Eva cobriram sua vergonha (Gênesis 3,7).

Em muitos povos, a figueira era venerada como árvore sagrada, junto com a oliveira (ver *Óleo*, n. 92) e a videira (ver *Vinho*, n. 94), símbolos de fertilidade e abundância. Na antiguidade clássica, possuía valor erótico e era sagrada para Dionísio. No hinduísmo frequentemente aparece a imagem de uma figueira que cresce do céu e é considerada uma imagem simbólica do mundo. A árvore *bodhi* é a figueira sob a qual Buda recebeu a iluminação (*bodhi*) e é considerada um dispensador de conhecimento.

A maldição contra a figueira estéril no Novo Testamento foi interpretada como condenação do povo hebraico; na arte cristã, por muito tempo, a figueira, de fato, referia-se à sinagoga e ao conceito de hebraísmo.

A árvore de figo no hebraísmo faz parte dos dons da terra prometida, que, em contraste com o deserto árido e sem frutas, produz figos e romãs (Deuteronômio 8,8; Números 13,23).

Os figos eram um alimento importante, tanto recém-colhidos quanto secos (1 Samuel 25,18; 30,12; Judite 10,5). A figueira primitiva é símbolo do povo de Israel amado por Iahweh: "Como um fruto em uma figueira nova, assim eu vi os vossos pais" (Oseias 9,10); por isso, os figos são oferecidos ao Senhor como primícias da colheita (Deuteronômio 26,2-1).

O Primeiro Livro dos Reis (1 Reis 5,5) fala da prosperidade do povo de Israel no tempo do rei Salomão com a imagem da figueira: "Judá e Israel viveram em segurança, cada qual debaixo de sua vinha e de sua figueira, desde Dã até Bersabeia, durante toda a vida de Salomão" (1 Reis 5,5; Miqueias 4,4; 1 Macabeus 14,12). No dia da salvação "convidar-vos-eis uns aos outros debaixo da vinha e debaixo da figueira" (Zacarias 3,10).

O *estar sentado sob a figueira*, frequente nos textos bíblicos, na tradição rabínica é uma referência ao estudo sincero da Torá, favorecido pela sombra produzida pelos ramos e pelas folhas da árvore, sob a qual os rabinos se sentavam para meditar; é também sinal da paz messiânica que surge da fidelidade à aliança com Deus. Por essa razão, a infidelidade à aliança é mostrada com a imagem da figueira nua e seca (Jeremias 8,13; Joel 1,7).

Jesus, no Novo Testamento, amaldiçoa a figueira sem frutos para chamar as pessoas à conversão (Mateus 21,8-22; Marcos 11,12-14.20-25; Lucas 3,6-9). No Evangelho de Lucas, que em cada página celebra a misericórdia de Deus, a falta de frutos não causa, no entanto, a maldição. Graças aos cuidados do viticultor, uma nova expectativa de conversão prevalece: "Ele, porém, respondeu: 'Senhor, deixa-a ainda este ano para que cave ao redor e coloque adubo. Depois, talvez, dê frutos... Caso contrário, tu a cortarás'" (Lucas 13,6-9).

No Evangelho de João, Jesus revela a Natanael que ele o viu debaixo da figueira (João 1,48-51), o que indica a sua sede de verdade. Jesus convida-o a segui-lo para que sua busca seja satisfeita.

9

CANDELABRO

A árvore da luz

A palavra *menorah*, em hebraico, significa candelabro: é uma lâmpada a óleo de sete braços que, nos tempos antigos, era acesa dentro do templo de Jerusalém através da queima de óleo consagrado.

É um dos símbolos mais antigos da religião hebraica. De acordo com algumas tradições, a *menorah* simboliza a sarça ardente na qual a voz de Deus no Monte Horebe se manifestou a Moisés; segundo outras, representa o sábado (no centro) e os seis dias da Criação: três de cada lado. A Bíblia descreve-a para nós como a estilização da amendoeira; de fato, alguns rabinos sustentam que a árvore da vida mencionada em Gênesis, cujos frutos asseguravam a imortalidade de Adão e Eva, era precisamente a amendoeira.

A palavra *menorah* também é encontrada na Bíblia, onde o candelabro é descrito nos mínimos detalhes (Êxodo 25,31-40). A amendoeira é o símbolo do nascimento e da ressurreição. É a primeira árvore a florescer na primavera e lembra a renovação da natureza, após a sonolência e a morte invernal.

O seu significado esotérico está intimamente ligado a seu fruto, a amêndoa. A amêndoa é o segredo, o mistério que deve ser conquistado pela quebra da casca que protege a semente.

Alguns rituais sagrados envolvem empanturrar-se de amêndoas, que se acredita trazer sabedoria. A amêndoa, estando escondida, incorpora a essência espiritual, a sabedoria.

Devido à sua forma ovoide, está conectada à matriz, como símbolo de fecundidade, de nascimento primordial do universo.

Como reprodução do ovo cósmico, tem a característica de representar um espaço fechado e protegido, delimitando o espaço sagrado, separando-o do espaço profano. Ela forma, assim, um baú que separa o puro, o original, do impuro.

Além disso, a raiz hebraica da palavra amêndoa, *shaked*, significa "vigiar", e com este significado é usada no profeta Jeremias: "Foi-me dirigida a palavra de Iahweh nos seguintes termos: 'O que estás vendo, Jeremias?' Eu respondi: 'Vejo um ramo de amendoeira'. Então Iahweh me disse: 'Viste bem, porque eu estou vigiando sobre a minha palavra para realizá-la'" (Jeremias 1,11-12).

O candelabro é, portanto, no misticismo hebraico um símbolo da luz espiritual e da salvação. O candelabro de ouro puro de sete braços do hebraísmo guarda prováveis analogias e correspondências parciais com a árvore de luz dos babilônios, e também está ligado ao simbolismo cósmico dos sete planetas e dos sete céus.

Na arte cristã da Idade Média, o candelabro com sete braços simboliza geralmente o hebraísmo.

No cristianismo está ligado ao número sete (ver *Sete*, n. 56), que junta o três (ver *Três*, n. 52) e o quatro (ver *Quatro*, n. 53): sete são os dons do Espírito Santo, sete as virtudes teologais e cardeais, sete os sacramentos e os graus do sacerdócio.

Na tradição cristã, a amendoeira e a amêndoa foram relacionadas a Maria. Na iconografia tradicional, a imagem do Cristo, da Virgem e, por vezes, dos santos na glória eterna compõe-se de uma figura geométrica na forma de amêndoa.

10

JARDIM

O *hortus conclusus*

No jardim das Hespérides da mitologia grega crescia a macieira de ouro, geralmente entendida como imagem simbólica da árvore da vida.

No jardim só se podia entrar por uma porta estreita, em lembrança das dificuldades e dos obstáculos que devem ser superados para alcançar um grau superior da evolução espiritual.

Na Bíblia, o jardim – em oposição à cidade santa, a Jerusalém celestial (ver *Jerusalém*, n. 70), que simboliza o fim dos tempos – é uma imagem do estado original do homem e da ordem cósmica (Gênesis 2,8 e ss).

O jardim fechado também simboliza, do ponto de vista masculino, as partes íntimas do corpo feminino. O Cântico dos Cânticos 4,12–5,1 compara o jardim ao amado: "*Hortus conclusus soror mea, sponsa, hortus conclusus, fons signatus*" ("És jardim fechado, minha irmã, noiva minha, és jardim fechado, uma fonte lacrada").

No campo da arte sacra europeia, o *hortus conclusus* logo se tornou um símbolo do Jardim do Éden e da virgindade de Maria. É frequentemente retratado, através de poucas referências, nas pinturas das anunciações e em outras cenas da vida da Virgem.

O *hortus conclusus* então se tornou a forma típica de um jardim medieval, principalmente dos mosteiros e dos conventos. Como o próprio nome indica, é uma área verde, geralmente pequena, cercada por muros altos, onde os monges essencialmente cultivavam plantas e árvores para fins alimentares e medicinais, mas também se dedicavam à meditação passeando e recitando orações.

Durante o ano 1000, o Abade Romualdo iniciou uma nova família beneditina e o Conde Maldolo deu-lhe como presente um vasto campo: o Campus Maldoli, que hoje se chama eremitério de Camáldoli. A congregação camaldulense combina a vida comunitária com a solitária arquitetonicamente com a presença tanto do mosteiro quanto dos eremitérios.

Cada eremitério conta com muitas pequenas celas ao redor da igreja, onde os monges dormem separadamente. Cada cela é uma verdadeira casa independente composta por um corredor, uma capela, um quarto, um escritório, um armazém e uma horta. Só a partir desta última se pode chegar à cela.

Na horta, o monge cultiva flores para a igreja, ervas para a farmácia e leguminosas para a cozinha.

O muro que divide cada jardim é o limite de cada cela, e precisamente isso nos remete ao significado de *hortus conclusus*.

Durante a Idade Média, o *hortus conclusus* tomou forma também no mundo secular-cortesão; considerado como jardim do espírito, era metáfora da existência humana, e o muro que o rodeava tornava-se o limite entre o interior e o exterior, separando e, ao mesmo tempo, protegendo. O limiar de entrada era o símbolo da passagem: quando o homem cruza a fronteira, modifica a sua condição, ao passo que, se estiver do lado de fora, encontra o caos, as dúvidas e as incertezas. O significado simbólico desse espaço é destacado pelo poço que se encontra no centro do jardim e pela fonte que representa o manancial de sabedoria e de juventude.

Símbolos cosmogônicos

11

ABISMO

Dissolução e imensidão

O abismo – aquilo que não tem fundo – remete a estados sem forma que resultam incompreensíveis para a consciência comum: as origens do mundo prostradas nas trevas, bem como o fim delas, a indeterminabilidade da primeira infância, a dissolução da pessoa na morte, mas também a fusão no absoluto da união mística, profundidade imensamente estendida na qual a alma pode dissolver-se em Deus. Ao abismo está ligada a imagem do *caos primordial*: na antiguidade clássica, e no Gênesis bíblico em particular, é a representação da condição do mundo antes da Criação: "No princípio, Deus criou o céu e a terra. Ora, a terra estava vazia e vaga, as trevas cobriam o abismo" (Gênesis 1,1-2).

De acordo com a visão dos antigos egípcios, o caos existia na forma do oceano primordial, Nun, que circundaria o mundo como uma fonte permanente de força e regeneração. O abismo é um símbolo ambivalente que evoca o mar: fonte de energia vital inesgotável, mas também abismo que tudo engole. No Novo Testamento indica a permanência dos mortos (Lucas 16,26), aqueles infernos onde Jesus desceu, antes de ressuscitar (Carta aos Romanos 10,7).

Para o psicanalista Carl Gustav Jung, a imagem não é apenas um símbolo do inconsciente, depósito de tesouros enterrados e figuras monstruosas, mas também aparece em conexão com o arquétipo da mãe que, por amar demais, sufoca o filho, fazendo-o afundar na passividade; nessa perspectiva, o abismo é a dupla face materna que dá e leva, consola e pune.

12

ARCO-ÍRIS

Uma ponte entre o céu e a terra

Símbolo da união entre o céu e a terra, o arco-íris – de acordo com a tradição Talmúdica – foi realizado na noite do sexto dia da Criação.

Para muitos povos antigos, era a visão de uma ponte que conecta o céu à terra; às vezes, a estrada que as almas dos defuntos tinham que percorrer depois da morte.

Na mitologia grega, o arco-íris é o emblema da mensageira dos deuses: Íris. Pela luz que emana e reflete em uma variedade de cores vindas da mesma fonte, transmite tranquilidade e assombro. Luzes e cores eram, para os povos antigos, um fio condutor para alcançar a transcendência e a imortalidade. Às vezes, nas diferentes variações de significado, o arco-íris estava associado à escada, símbolo de ascetismo e de evolução do indivíduo. O número de degraus tinha relação com as etapas do progresso espiritual, geralmente sete, correspondentes às cores da íris.

A Bíblia menciona uma escada celestial na qual os anjos sobem e descem no famoso sonho de Jacó: a escada brilhante é símbolo da relação viva entre Deus e o homem (ver Gênesis 28,12). Na arte cristã encontramos a escada das virtudes, na qual os homens justos, ameaçados de todos os lados pelos demônios, alcançam o topo, degrau a degrau (ver *Escada*, n. 65).

Na Bíblia, o arco-íris é mencionado no Gênesis, no Eclesiástico, em Ezequiel e no Apocalipse.

Após o dilúvio universal, Deus desenhou no céu um arco sobre as nuvens em sinal de reconciliação com o homem (Gênesis 9,13-16).

O arco-íris, símbolo de esplendor, também é evocado nos escritos sapienciais: "Contempla o arco-íris e bendize o seu Autor, ele é magnífico em seu esplendor" (Eclesiástico 43,11-12); "Como ele era majestoso, cercado de seu povo... como o arco--íris brilhando nas nuvens de glória" (50,5-7).

Sinal identificador de Iahweh, abre o livro do profeta Ezequiel: "A aparência desse brilho, ao redor, era como a aparência do arco que, em dia de chuva, se vê nas nuvens. Era algo semelhante à glória de Iahweh" (1,27-28). Poderia ser o mesmo arco que apareceu depois do dilúvio, porque ambos são a marca da mão providencial de Deus que vem em resgate da humanidade.

O Apocalipse de João, por duas vezes, inspirando-se em Ezequiel, expressa a irrupção do divino na história com o símbolo do arco-íris. O vidente contempla e descreve: "O que estava sentado tinha o aspecto de uma pedra de jaspe e cornalina, e um arco-íris envolvia o trono com reflexos de esmeralda" (Apocalipse 4,3); depois vê um "anjo, forte, descendo do céu" e "sobre a cabeça estava o arco-íris" (10,1) para completar o plano de salvação de Deus.

Na iconografia medieval do Juízo Final, o Cristo domina sobre um arco-íris, que declina de várias maneiras os múltiplos significados escriturísticos; nas pinturas e nos afrescos subsequentes, o arco-íris também se tornou símbolo de Maria, mediadora de reconciliação.

13

CÉU

A metade do mundo

O céu – visto nos tempos antigos como uma semiesfera arqueada acima do disco terrestre – desempenhou um papel muito importante no imaginário mitológico e religioso de quase todos os povos: considerava-se o lugar do qual atuavam os poderes divinos e ao qual a alma podia aspirar a subir depois da morte. Em favor dessa interpretação – originalmente pretendida apenas num sentido real e não simbólico – era decisivo o fato de que o céu está "no alto", assim como os movimentos ordenados dos astros, a chuva que cai fértil e necessária à vida, bem como algumas manifestações naturais que despertavam maravilha e medo, como a tempestade, o relâmpago, os cometas, os meteoritos, o arco-íris...

A concepção de que o céu e a terra estavam originalmente unidos encontra-se tanto na literatura quanto na arte sacra. De acordo com essa perspectiva, o céu era apenas uma metade do mundo, e um paralelismo também conhecido está ligado a essa ideia: ao céu associavam-se os caracteres da masculinidade e da atividade; à terra os da feminilidade e passividade.

Também era bastante difundida a concepção de uma abóbada celestial composta de muitas esferas sobrepostas, correspondendo às hierarquias de entidades espirituais ou aos diferentes graus de purificação da alma.

O Deus bíblico mora bem acima do firmamento (Salmo 2,4; Jó 22,12) e o céu é o seu trono (Mateus 5,34). Com a palavra "céu", a Bíblia, às vezes, identifica o próprio Deus (Deuteronômio 4,23; 1 Macabeus 3,18; Mateus 18,18; João 3,27).

14

ESTRELAS

Desejo e universalidade

As estrelas, pontos luminosos que brilham na escuridão do céu noturno, eram para os antigos um sinal da confiança que prevalece sobre as trevas e sobre o pessimismo; muitos filósofos e poetas celebravam-nas como símbolo de desejos e altos ideais. A etimologia da palavra "*desejo*"[4] remete, de fato, ao "espaço sideral" e aos *de-siderantes*, ou seja, àqueles soldados do Império romano que estavam sob as estrelas esperando aqueles que ainda não haviam voltado da batalha. Daí o significado do verbo *de-siderar*,[5] que recorda o olhar para as estrelas.

No Antigo Testamento o céu estrelado indica a grandiosa descendência prometida a Abraão (Gênesis 15,5), uma pluralidade que, de acordo com a versão dos teólogos medievais, é, no entanto, ao mesmo tempo um símbolo dos muitos povos espiritualmente unidos pela Igreja universal. De acordo com a tradição judaica tardia, cada estrela era guardada por um anjo; uma estrela ou um anjo também guiou os magos do

---

[4] N.T.: *Desiderio*, em italiano.
[5] N.T.: *Desiderare*, do latim, significa "olhar atentamente as estrelas".

Oriente até Belém (Mateus 2,1-12). A estrela cometa também foi percebida em muitas civilizações – na antiguidade clássica, na Idade Média, mas também nas crenças dos índios americanos e tribos africanas – como um mau presságio de fome, guerra, epidemias e fim do mundo. Pelo contrário, na arte figurativa cristã, a estrela de Belém é sempre representada como um sinal positivo, arauto de um anúncio extraordinário. Na iconografia devocional, Maria é, às vezes, representada com uma coroa de estrelas na cabeça, referindo-se à visão de São João no Apocalipse (12,1).

15

COMPASSO

A arquitetura do universo

A famosa miniatura intitulada "*O Criador desenha o mundo com um compasso*" – encontrada na França em uma *Bible moralisée* do século (1250 ca.) – mostra Deus que, como geômetra, define o círculo da terra com uma ferramenta, emblema da ordem cósmica e da ação planejadora do Altíssimo.

Instrumento da inteligência, o compasso é símbolo da livre energia criativa que é combinada com a atividade racional e ponderativa; usado em várias disciplinas científicas – como a astronomia, a arquitetura, a geografia –, muitas vezes se torna a personificação; por causa dessas suas características, no cristianismo é frequentemente associado com algumas virtudes: equidade, temperança, verdade.

No simbolismo esotérico – da antiga China ao Ocidente –, a junção de compasso e esquadro era considerada simulacro espiritual da união entre céu (círculo-compasso) e terra (quadrado-esquadro), entre transcendência e imanência.

A tradição do simbolismo maçônico também conhece a correlação entre os diferentes ângulos de abertura do compasso e os diferentes níveis da evolução espiritual: a abertura de 90° significa, por exemplo, o equilíbrio entre corpo e espírito, entre forças materiais e imateriais. A insolúvel questão matemática da "quadratura do círculo" teorizava transferir, com a única ajuda de régua e compasso, um dado círculo num quadrado da mesma superfície. A expressão ainda é usada hoje para indicar a solução perfeita para um determinado problema.

16

LIVRO

O *liber mundi*

É símbolo de *sabedoria*, de conhecimento, mas também da totalidade do universo, como unidade composta de uma multiplicidade de folhas únicas, de palavras e de caracteres.

Na tradição cristã, muitas vezes, é recorrente a visão de um *liber mundi* (o livro do mundo), no qual foram anotados todos os decretos usados pela inteligência divina no ato da criação do mundo.

O islã distingue o aspecto macrocósmico do microcósmico: o enredo do livro de cada existência humana está entrelaçado com a totalidade da teia do *liber mundi*.

A concepção de um livro no qual estão escritos os destinos de todos os homens e mulheres da história deriva da fé oriental nas chamadas "tabelas do destino".

Na Bíblia, o conceito de "livro da vida" refere-se à história do "povo escolhido" na sua totalidade:

> Voltou, pois, Moisés a Iahweh e disse: "Este povo cometeu um grave pecado ao fabricar um deus de ouro. Agora, pois, se perdoasses o seu pecado... Se não, risca-me, peço-te, do livro que escreveste". Iahweh respondeu a

Moisés: "Riscarei do meu livro todo aquele que pecou contra mim" (Êxodo 32,31-33).

O livro com os sete selos do Apocalipse (5,1) é símbolo de um conhecimento divino, escondido:

> Vi depois, na mão direita daquele que estava sentado no trono, um *livro escrito por dentro e por fora* e selado com sete selos. Vi então um anjo poderoso, proclamando em alta voz: "Quem é digno de abrir o livro, rompendo seus selos?" Será o cordeiro de Deus que os abrirá e trará à luz os segredos divinos guardados no misterioso livro (Apocalipse 6,1).

A imagem de "comer o livro" é atestada várias vezes na Bíblia, o que significa aceitar a Palavra de Deus no coração e internalizá-la até mesmo nas entranhas (Ezequiel 2,8–3,3; Apocalipse 10,8-11). Na arte figurativa, um livro fechado indicava, às vezes, as possibilidades que ainda não se abriram e, na arte cristã, a virgindade de Maria; finalmente, um livro aberto ao lado de Nossa Senhora representa o cumprimento da promessa do Antigo Testamento.

O livro frequentemente aparece também como um atributo dos evangelistas, dos apóstolos e dos padres da Igreja. O poder do conhecimento é frequentemente representado por um grande volume apoiado por um leão. Na pintura cristã a *maiestas Domini* indica o esplendor eterno de Cristo em glória: nele vemos a frente do Cristo sentado em um trono, muitas vezes rodeado por uma amendoeira, com a mão direita abençoando e o "livro da vida" na esquerda, por vezes rodeado dos símbolos dos evangelistas ou dos 24 anciões do Apocalipse.

O selo era usado no Antigo Oriente como notificação de propriedade, carimbo de nobreza e marca de poder que deriva do conhecimento. Na Bíblia e na literatura cristã, o selo é marca da mão de Deus (João 6,27); também expressa a inseparabilidade de quem se ama (Cântico dos Cânticos 8,6) e o sinal indelével da unção espiritual em Cristo (2 Coríntios 1,22).

17

LUA

A virgindade fecunda

A lua desempenha um papel significativo no âmbito do simbolismo mágico-religioso da maioria dos povos arcaicos; nesses contextos, por causa da forma que muda continuamente, tem sido frequentemente ligada aos ritmos biológicos da terra.

No antigo Oriente era considerada ainda mais importante que o sol, devido à sua peculiaridade de permitir uma medida temporal dos meses (mês sinódico).

Foi venerada como deusa por muitos povos: os gregos chamavam-na Selene (Σελήνη).

Por causa de seu *nascer-crescer-desaparecer* e da sua influência sobre o corpo da mulher, esteve intimamente ligada à fertilidade feminina, à chuva, à umidade, bem como a tudo que nasce e morre. Com referência à sua fase crescente, a lua também é frequentemente assimilada ao contexto semântico da gravidez e do parto.

Em algumas civilizações, celebravam-se ritos especiais, a fim de fortalecer e salvar o pequeno planeta, sobretudo durante os estágios de uma lua nova e dos eclipses, fenômenos que eram considerados sinais de fragilidade e, portanto, de ameaça iminente ao astro noturno.

No islamismo e no budismo, o eclipse lunar era frequentemente ligado à morte da estrela, que se imaginava que acontecesse com um monstro devorando-a; em chinês, o mesmo ideograma é usado para o eclipse lunar e para os verbos *comer* e *devorar*.

Na China, o eclipse lunar era, de fato, concebido como uma perturbação da ordem macrocósmica causada por uma desarmonia na ordem microcósmica: por exemplo, quando havia disputas entre os soberanos e suas esposas.

O reaparecimento do astro após um eclipse era geralmente concebido como o início de um ciclo inédito ou de uma nova era.

Em contraste com o sol, geralmente entendido do sexo masculino, a lua aparece como uma imagem do que é feminino, delicado e com necessidade de proteção; em outros mitos, é apresentada como irmã, esposa ou amante do sol.

No campo da psicologia do profundo, a lua é figura do inconsciente; a astrologia a associa com a passividade, receptividade e fertilidade.

A lua crescente (crescente-côncava) era um atributo associado a muitas divindades femininas virgens: por exemplo, Ártemis. A relação estabelecida pela arte cristã entre a lua e a Virgem Maria, muitas vezes representada como a Imaculada sobre a meia lua, é certamente emprestada desses universos simbólicos, embora haja uma referência óbvia à "Mulher vestida com o sol, tendo a lua sob os pés" (Apocalipse 12,1).

No islã, a lua crescente simboliza tanto a abertura quanto a concentração, e alude à vitória da vida eterna sobre a morte.

A lua crescente com uma estrela tornou-se, desde os tempos das Cruzadas, o emblema universal do mundo islâmico.

Nos Atos dos Apóstolos graves eventos cosmológicos, solares e lunares, são o mau presságio do fim do mundo, mas também prelúdio do advento do Reino de Deus: "O sol se mudará em escuridão e a lua em sangue, antes que venha o Dia do Senhor, o grande Dia" (2,20).

18

NUVENS

O tempo da provação

As nuvens sempre foram consideradas um mau presságio por ofuscar e esconder o céu.

Na Grécia antiga, as nuvens escondiam as moradas dos deuses que circundavam os picos do Olimpo; no islã místico, eram vistas como semelhança da incognoscibilidade total de Allah.

Nas filosofias orientais, budismo e zen, a nuvem era um convite para o monge: embarcar no caminho ascético de transformação para extinguir o próprio ego, a própria personalidade terrena, e dissolver-se no infinito.

O mito do dilúvio universal – narrado na epopeia babilônica do Gilgamesh, no Gênesis, no Código de Manu indiano e em muitos textos antigos – diz-nos que na maioria das tradições religiosas as nuvens escuras eram concebidas como prelúdio da ira divina.

O profeta Elias convida Acab a olhar para o mar. O menino olha para o horizonte por um longo tempo, depois desiste: "Nada!". Elias insiste: "Retorne sete vezes". Na sétima vez Acab relata: "Eis que sobe do mar uma nuvem, pequena como a mão de uma pessoa". A nuvem anuncia o colapso de uma chuva torrencial (1 Reis 18,41-43). Alguns padres da Igreja viram nesse pequeno sinal a figura premonitória da Virgem Maria, muitas vezes retratada sobre uma nuvem.

Na Bíblia, várias manifestações divinas são anunciadas ou acompanhadas por nuvens.

Em Levítico, lemos: "Iahweh disse a Moisés: 'Fala a Aarão teu irmão: que ele não entre em momento algum no santuário, além do véu, diante do propiciatório que está sobre a arca. Poderá morrer, pois apareço sobre o propiciatório, em uma nuvem'" (Levítico 16,2).

No Novo Testamento, o episódio da Transfiguração é memorável: "Ainda falava, quando uma nuvem luminosa os cobriu com sua sombra e uma voz, que saía da nuvem, disse: 'Este é o meu Filho amado, em quem me comprazo, ouvi-o!'" (Mateus 17,5).

Jesus de Nazaré é o homem que acalma as tempestades e limpa as nuvens. Ao atravessar o lago de Genesaré com seus amigos, o céu escurece e uma tempestade irrompe. É sabido que os judeus têm medo da água, não são um povo de marinheiros. Para eles, o lago é o "mar da Galileia"; depois há o "grande mar", o Mediterrâneo; "o mar dos filisteus", no qual o Leviatã está escondido.

Enquanto a tempestade aumenta, os amigos do nazareno estão aterrorizados. Jesus está na popa e dorme. A narração destaca que o sono é profundo: o Mestre parece estar realmente confortável em meio a um cataclismo e dessa negligência nasce a decepção dos discípulos que chamam a sua atenção: "Mestre, não te importa que pereçamos?". A reação contrasta fortemente com o pânico dos discípulos: "Levantando, conjurou severamente o vento e disse ao mar: 'Silêncio! Quieto!' Logo o vento serenou, e houve grande bonança".

As nuvens representam o sofrimento e o lado escuro de toda existência humana, quando parece que o sol desapareceu para sempre. Para quem crê, a tempestade é o "teste" da fé: é necessário continuar acreditando que Deus – o sol – ainda brilha atrás das nuvens.

19

SOL

Uma promessa de felicidade

Papiros milenares encontrados em Shiraz, no Irã, nas terras do antigo reino da Pérsia, dizem-nos que, já em tempos de Zoroastro, profeta dos adoradores do sol, os casais tinham o costume de dar-se anéis de ouro no dia do matrimônio (1000 a.C.). O círculo era o símbolo por excelência do zoroastrismo e representava a luz, o calor, a força do anel de fogo.

No dia do casamento, ao trocar alianças, o casal queria dizer um para o outro: "Vou te dar o sol!". Um compromisso de dar um ao outro, nos dias por vir, a felicidade.

De fato, de muito longe nos vem o significado de um símbolo, o anel esponsal, que vai muito além da promessa de fidelidade, resultado e não premissa do amor.

Assim, a imagem do círculo está ligada ao sol, cuja linha contínua leva de volta a si e é, portanto, um emblema da unidade, do absoluto e da busca da perfeição. O círculo refere-se ao céu, aos planetas, às suas órbitas elípticas, ao tempo e ao infinito, muitas vezes representados também por uma serpente mordendo a própria cauda.

No contexto de antigos rituais mágicos, o círculo era considerado uma arma contra os espíritos malignos, os demônios e o mau olhado; a mesma função de proteção, que é atribuída ao cinto, à coroa, ao círculo de flores, ao amuleto de forma circular.

Os círculos coloridos concêntricos, que frequentemente aparecem como auréola do Buda, simbolizam o grau supremo da iluminação, da harmonia de todas as energias espirituais.

No cristianismo, três anéis entrelaçados entre si indicam a Trindade, enquanto no imaginário da Idade Média muitos círculos sobrepostos descreveram a "planimetria" do além: os círculos do Inferno, os aros do Purgatório e os céus do Paraíso organizados hierarquicamente até o Empíreo.

A psicologia do profundo – Carl Gustav Jung – vê no círculo um símbolo da alma e do self.

Ao sol e ao círculo estão intimamente ligados também a áurea e a auréola. Na arte clássica e oriental, especialmente na pintura, a áurea era uma espécie de coroa de raios ao redor da cabeça de um deus, de um herói, de um santo: afirmava a majestade, integridade e domínio.

O círculo é a totalidade da existência e é, ao mesmo tempo, a "Matriz zero" da qual tudo se originou. A forma circular transmite uma ideia de realização e é por isso que está conectada à dimensão divina e celestial. É comum encontrar o círculo associado ao quadrado (que, neste caso, representa a dimensão terrena), em uma tentativa de constituir a chamada "quadratura do círculo", ou seja, a unificação de terra e céu (ver *Compasso*, n. 15).

Quando o triângulo é escrito em uma circunferência, remete-nos aos três princípios sobre os quais cada indivíduo deveria trabalhar para criar unidade dentro e fora de si, para sintonizar-se com a totalidade da Criação e alcançar a harmonia de corpo, mente e coração (espírito). O triângulo inscrito em um círculo, de fato, indica o objetivo de equilibrar três forças distintas – instinto, racionalidade, vontade –, mas, na realidade, convergentes para uma única essência superior.

20

ZODÍACO

Macrocosmo e microcosmo

O mundo judeo-cristão herdou da tradição antiga o uso do simbolismo zodiacal. Embora sejam ideologicamente contrários à astrologia, o judaísmo e o cristianismo apropriaram-se do repertório de imagens fornecidas pelo zodíaco, conservando e replicando as suas representações, especialmente em função do calendário, e associando-as à sequência sazonal dos trabalhos agrícolas.

Dessa forma, a reprodução do zodíaco nunca saiu completamente nem do sistema de sinais judaico nem do cristão e, de fato, aparece em sinagogas, catedrais, igrejas e abadias de antiguidades tardias, medievais e modernas.

Na arte cristã da Idade Média se encontram representações do zodíaco relacionadas ao trabalho nos campos, como um lembrete do tempo que passa, mas também como afirmação da imutabilidade divina que está acima de qualquer mudança e, finalmente, como símbolo das esferas celestes. Em particular, os sinais do zodíaco se aproximaram muitas vezes dos doze apóstolos, das doze tribos de Israel, mas também dos vários súditos cristãos.

No final da Idade Média, o entrelaçamento entre os conhecimentos provenientes do mundo islâmico e o ressurgimento da antiga cultura permitiu o reflorescimento vigoroso da astrologia: o repertório das imagens do zodíaco encontrou complexidade e sofisticação, saindo dos limites da utilização em edifícios religiosos para entrar também na decoração de edifícios civis, tanto públicos quanto privados.

Entre as muitas representações cristãs ressaltam-se as esculturas no Portal do Zodíaco do Sagrado de São Miguel, no Piemonte, e os vários ciclos de afrescos, incluindo aqueles do Salão dos Mesi no Palácio Schifanoia, em Ferrara; da Sala Opi do Palácio Vecchio, em Florença; do Palácio da Ragione, em Pádua; do Palácio D'Arco e do Palácio Ducale, em Mântua.

A famosa "Madonna dello Zodiaco" é uma pintura a têmpera sobre tábua de Cosmè Tura, datada entre 1459 e 1463, e conservada na galeria da Academia de Veneza. Ao lado da Madonna, pode-se ver ainda os sinais do Aquário e dos Peixes; a obra alude ao papel de Cristo como Senhor do Tempo.

O zodíaco encontrou uma espécie de "espelho" na representação do corpo humano, de modo que os sinais zodiacais fossem associados a determinadas partes do organismo, representado figurativamente pelo homem zodiacal. A arte médica dos tempos antigos se baseava, de fato, em grande parte na suposição de correspondências particulares entre o zodíaco e o corpo humano, entre os transtornos do cosmo e as doenças.

O primeiro exemplo do homem zodiacal, que é de completa inter-relação entre partes do corpo e sinais astrológicos, deve-se aos sacerdotes egípcios. Nesse conceito básico, na prática, cada sinal do zodíaco encontrava a sua "colocação" em partes anatômicas bem precisas, começando com o Carneiro na cabeça e terminando com Peixes nos pés. Tratava-se, em última análise, do colocar em prática a ideia filosófica de "simpatia cósmica": o homem visto como microcosmo, isto é, como *corpus* em que se reflete a natureza e toda a estrutura do universo.

Símbolos bíblicos

21

SERPENTE

Sedução e energia

A serpente desempenha para a maior parte dos povos um incisivo e multifacetado papel simbólico. As atribuições negativas do seu significado foram devidas a algumas características do animal: a posição primordial na cadeia evolutiva, o rastejar pela terra, a vida escondida nas cavidades, a mordida venenosa. À serpente foram dados também poderes mágicos e benéficos: pelo seu sair do ovo como uma ave, pela mudança constante do seu exterior, pelo veneno que podia também esconder propriedades terapêuticas.

O ofídio, ou grande réptil, frequentemente é associado a um ser insidioso, antagonista do homem, mas também como animal apotropaico, guardião dos espaços sagrados e do mundo subterrâneo das almas. Como símbolo sexual – masculino pela forma fálica, feminino pelo ventre devorador – e pelas suas constantes mudanças, especialmente no Oriente, foi emblema da inesgotável energia renovável do universo.

A mitologia indiana conhecia as *naga*, serpentes que agem como intermediárias, benéficas ou fatais, entre os deuses e os homens. A serpente da Kundalini, que se imaginava entrelaçada na base da coluna vertebral, era e é considerada a sede da energia cósmica e sexual.

Em algumas tribos da África, a serpente ainda é venerada hoje nos cultos animistas como espírito e divindade.

Nas antigas civilizações da América Central, desempenhou um papel crucial a serpente emplumada; originalmente era uma imagem da chuva e da vegetação, depois se tornou a *serpente do céu noturno* coberta pelas penas verdes do quetzal, que contrastava com a *serpente turquesa*, também chamada de *serpente do céu diurno*, cuja união constituía um símbolo do cosmos.

Na China, a serpente estava ligada à energia da terra e da água.

Os judeus conceberam a serpente como um ser ameaçador; aparece como o arquétipo do pecado e de Satanás e é o sedutor do primeiro casal da humanidade (Gênesis 3,1); em outros contextos foi vista como um símbolo de inteligência e de astúcia em um sentido positivo (Mateus 10,16).

Quando Deus puniu a desobediência dos israelitas com uma praga de serpentes aladas e venenosas, ordenou a Moisés, depois da oração destes, que fizesse uma serpente de cobre: quem tivesse sido mordido pelas serpentes venenosas, observando-a, permaneceria vivo (Números 21,4). Uma serpente de cobre foi, então, por muito tempo objeto de culto dos hebreus; pelo cristianismo foi considerada, devido a seu caráter benéfico, prefiguração simbólica de Cristo; os mosaicos e baixos relevos serpentinos nas pastorais episcopais se referem precisamente à serpente hebraica e seu sentido positivo que conferiria autoridade, sabedoria e taumaturgia.

A arte cristã da Idade Média relacionava as artes sedutoras da serpente do Éden com a mulher: pense nas frequentes imagens de serpentes com cabeça de mulher e seios; tal correlação misógina queria enfatizar uma afinidade interna entre o ser tentador e a Eva seduzida.

22

DRAGÃO

A hostilidade a Deus

Na mitologia de muitos povos o dragão era um ser híbrido, que tinha corpo de crocodilo, rabo de lagarto, asas de morcego e várias cabeças – de leão ou bode – com língua ardente. Em muitas religiões encarnava – muitas vezes ao lado da serpente – as forças primordiais inimigas de Deus. Isso explica a proliferação de mitos sobre assassinos de dragões: Indra, Zeus, Apolo, Sigfrido, São Miguel, São Jorge. Em um relato apócrifo da Bíblia hebraica, que permaneceu, no entanto, na Bíblia católica, fala-se de um dragão adorado pelos babilônios igual a um Deus. Para provar a fragilidade do ídolo, o profeta Daniel obtém permissão do rei para matar o monstro "sem espada nem bastão". O sábio profeta cozinhou falsos bolos – feito de pez, gordura e pelos – e deu de comer ao dragão que morre sufocado. Os babilônios se revoltaram contra o rei, pois a sua divindade havia sido morta, e acusaram o rei de ter se convertido ao hebraísmo por ter autorizado essa profanação. O soberano foi forçado a entregar o seu cortesão para ser executado. Daniel é lançado na cova dos leões, mas sobrevive por seis dias, embora as feras estejam há dias sem comer (Daniel 14,23-31).

No Antigo Testamento, o Leviatá é um outro dragão que representa, do ponto de vista alegórico, o caos primordial, a energia destrutiva, o poder abominável desprovido de controle: os judeus acreditavam que o monstro – emprestado da mitologia fenícia – morasse no fundo do mar, ameaçando ressurgir para perturbar a ordem existente.

Isaías profetizará sobre a derrota do monstro ao final dos tempos: "Naquele dia, punirá Iahweh, com a sua espada dura, grande e forte, Leviatá, serpente tortuosa, matará o monstro que habita o mar" (Isaías 27,1).

No Apocalipse (12,3; 13,2; 16,3) o dragão é Satanás; persegue a mulher vestida de sol, que dá à luz a criança, o Cristo; será derrotado pelo arcanjo Miguel.

Nas sagas e contos de fadas, o dragão geralmente aparece como guardião de um tesouro ou de uma menina, encarnando dificuldades que devem ser enfrentadas para atingir um objetivo elevado: a sabedoria, a verdade.

A psicanálise reconhece nos mitos dos combatentes de dragões a expressão de uma batalha entre o eu e as forças regressivas do inconsciente.

O livro de Thomas Hobbes, *Leviatá* ou *The Matter. Forme and Power of a Common Wealth Ecclesiastical and Civil*, geralmente abreviado como Leviatá, é a obra mais conhecida do grande filósofo britânico. Publicado em 1651, em inglês, e, em 1658, em uma edição revisada em latim, trata do problema da legitimidade e da forma do Estado, representado na capa da primeira edição como um monstro gigantesco constituído por muitos indivíduos; o gigante segura em uma mão uma espada, símbolo do poder temporal, e na outra o báculo, símbolo do poder religioso, indicando que, segundo Hobbes, os dois poderes não devem ser separados. O volume foi amargamente criticado por John Locke, outro famoso pensador inglês.

23

ARCA

Palavra e presença de Deus

Na Bíblia, a arca de Noé é o barco com o qual o patriarca, a sua família e os animais escolhidos sobreviveram ao dilúvio (cf. Gênesis 6–8). No cristianismo é visto como um meio de salvação que é um prelúdio para o Batismo e para a Igreja; também representa a totalidade e a incorruptibilidade da ciência sagrada.

A arca santa do povo de Israel era chamada de arca da aliança; também a Mãe de Deus, intermediária da salvação, recebe essa invocação nas litanias e, nesse sentido, a arca também é considerada um ícone do ventre materno da Virgem. Em referência à arca de Noé, no Antigo Testamento, também se usa a mesma palavra para fazer referência ao cesto em que Moisés, ainda criança, foi colocado nas águas do Nilo, enquanto a arca da aliança é indicada com outro termo hebraico.

A arca de Noé tinha três andares, indicadores dos três níveis do cosmos: no nível inferior, répteis e animais selvagens foram alocados, no centro estavam as pessoas e no nível superior as gaiolas dos pássaros. É por isso que a arca pode ser considerada um modelo do mundo. Esta interpretação é confirmada por muitos comentários da Bíblia hebraica que a indicam como símbolo do coração e do espírito. Em muita literatura medieval, entre história e lenda, a imagem da arca foi comparada a uma tigela e associada ao Santo Graal (cf. *Cálice*, n. 95).

A arca da aliança – tão importante no Antigo Testamento – era uma arca de madeira de acácia, na qual se colocava o "propiciatório" (*kapporet*): uma tampa que consistia de uma placa de ouro com dois querubins, um de frente para o outro, postos em ambas as extremidades.

A arca continha as "tábuas do testemunho" ou "da lei" que Deus deu a Moisés (Êxodo 25,16; 40,20; 2 Crônicas 5,10), portanto, era venerada como lugar da presença particular de Deus no meio do povo. Certamente não continha Deus, mas simbolicamente era o banquinho onde se pensava que o Senhor descansava os seus pés (1 Crônicas 28,2; Salmo 132,7).

No sinal da arca estão ligados os dois sinais centrais da fé de Israel: a Palavra de Deus e a sua presença. Deus se torna presente na Palavra que doou ao povo, o qual, por sua vez, ouvindo, vive em comunhão com ele. O livro dos Números afirma que a arca era uma espécie de garantia: Deus estava junto ao seu povo e o guiava para a terra prometida. A arca, de fato, precedia os israelitas em seu caminho. Ao clamor da invocação dos israelitas, ela se elevava ou parava (Números 10,33-36). Quando o povo se estabeleceu na terra prometida, a arca, depois de vários eventos bélicos durante os quais foi roubada do povo de Israel, foi posta por Davi em uma tenda especialmente construída (2 Samuel 6,1–7,1). Na sua morte, seu filho Salomão colocou-a no templo, no lugar mais sagrado: o Santo dos Santos.

O Antigo Testamento fala, em particular, da dança de Davi perante a arca da aliança como expressão de alegria espiritual e de paz refeita com Deus: "Davi rodopiava com todas as suas forças diante de Iahweh" (2 Samuel 6,14).

24

MAÇÃ

O fruto proibido

O fruto proibido do Paraíso, descrito na Bíblia de uma maneira imprecisa, foi representado na arte, dependendo da paisagem pintada, como uma maçã ou como um cacho de uvas ou de cerejas; sempre simbolizou a tentação do conhecimento.

Na tradição celta, entre outras coisas, a maçã aparece precisamente como sinal de ciência espiritual. Pela sua forma esférica, o pomo era, às vezes, entendido como um simulacro da eternidade. As maçãs douradas das Hespérides, por exemplo, eram consideradas um atributo que atestava a imortalidade.

Antigo emblema de fecundidade, de maturação, de evolução concluída, a maçã, especialmente a maçã vermelha, também se tornou um símbolo popular do amor. É mundialmente famoso o mito do "pomo da discórdia", que Páris concedeu a Afrodite e que causou a guerra de Troia.

O "globo imperial", como um pomo, era imagem do globo terrestre, símbolo do domínio sobre o mundo.

No mundo cristão, a forma esférica da maçã era vista como símbolo da terra, enquanto a sua cor e doçura representavam as atrações deste mundo; por isso foi associada ao episódio da desobediência dos progenitores no Éden. Uma maçã na mão de Cristo é a redenção do pecado original, enquanto as maçãs na árvore de Natal (ver *Árvore de Natal*, n. 7) simbolizam o retorno ao Paraíso da humanidade graças a Cristo. A maçã como atributo de Maria, nova Eva, deve ser entendida com o mesmo significado.

25

LEVEDURA

Corrupção e o Reino de Deus

Já nas religiões antigas, a levedura era concebida como elemento de corrupção espiritual e impureza. Os pães sacrificiais oferecidos aos deuses deviam, portanto, ser sempre sem levedura.

De fato, pela sua natureza e composição, a levedura nada mais é que uma porção de massa que, no entanto – devido a bactérias externas e como resultado da alteração provocada –, tornou-se ácida por fermentação e que, lentamente, transformada em sua substância, chega a fazer "fermentar" toda a massa.

Para os hebreus, o fermento representava o pecado que corrompe o homem e, consequentemente, por causa do tato, as ofertas a Iahweh. Por essa razão, nos sacrifícios prescritos, a levedura nunca estava presente nos pães da oferta, a fim de "curar" uma situação pecaminosa, contaminada, e, assim, apaziguar a ira de Deus: "Nenhuma das oblações que ofereceréis a Iahweh será preparada com fermento, pois jamais queimareis fermento ou mel como oferta queimada a Iahweh" (Levítico 2,11).

A fuga do povo de Israel do Egito (Êxodo 12,39) foi precipitada e os judeus trouxeram consigo a massa do pão sem fermento, porque não havia mais tempo para esperar pelo processo de fermentação; durante a viagem, eles comeram os pães ázimos, e a Páscoa judaica, junto com a "festa dos ázimos", ainda hoje celebra aquele evento de libertação.

O próprio Jesus explicou o "Reino dos céus" comparando-o com o efeito que produz o fermento na massa: "O Reino dos céus é semelhante ao fermento que uma mulher tomou e pôs em três medidas de farinha, até que tudo ficasse fermentado" (Mateus 13,33). Com aquela parábola, Jesus queria descrever a ação do Espírito Santo que "entra" na "massa humana" trabalhando-a por dentro e que, permeando-a totalmente, chega a transformá-la em uma nova massa, em uma nova substância.

Os padres da Igreja frequentemente usaram o símbolo do fermento para indicar a Palavra de Deus que cura a nossa "esclerocardia", a dureza de coração, transformando o coração de pedra em um coração de carne capaz de compaixão e solidariedade.

Com significado negativo, também a doutrina dos fariseus e dos saduceus foi comparada ao fermento. Jesus recomendou várias vezes a seus discípulos que se protegessem do ensinamento e do comportamento errado dos seus exércitos de exegetas e sacerdotes que representavam a autoridade religiosa do tempo:

> Ao passarem para a outra margem do lago os discípulos esqueceram-se de levar pães. Como Jesus lhes dissesse: "Cuidado, acautelai-vos do fermento dos fariseus e dos

saduceus!" puseram-se a refletir entre si: "ele disse isso porque não trouxemos pães". Jesus, percebendo, disse: "Homens fracos na fé! Por que refletis entre vós por não terdes pães? Ainda não entendeis, nem vos lembrais dos cinco pães para cinco mil homens e de quantos cestos recolhestes? Nem dos sete pães para quatro mil homens e de quantos cestos recolhestes? Como não entendeis que eu não falava de pães, quando vos disse. 'Acautelai-vos do fermento dos fariseus e dos saduceus'?" Então compreenderam que não dissera: Acautelai-vos do fermento do pão, mas sim do ensinamento dos fariseus e dos saduceus (Mateus 16,5-12).

26

BABEL

Confusão e sede de conhecimento

Babilônia era uma cidade da antiga Mesopotâmia localizada no Eufrates. Em babilonês, *Babilu* significava "porta de Deus"; tal conceito foi completamente derrubado no mundo bíblico, associando à cidade a concepção de pecado e de confusão. "Aquele lugar é uma Babilônia" é uma expressão ainda usada em algumas línguas modernas para indicar o caos.

O rei Nabucodonosor privou os judeus de sua independência nacional e os deportou em grande número; o período da deportação – que durou cerca de setenta anos – gerou a conotação negativa de Babilônia na visão judaica: Babilônia como a antítese da Jerusalém celestial.

No livro do Apocalipse, Babilônia é o caldeirão de todas as forças destrutivas, lugar de vida perversa e de prostituição. O evangelista João descreve a visão da "prostituta Babilônia":

> A mulher estava vestida com púrpura e escarlate, adornada de ouro, pedras preciosas e pérolas; e tinha na mão um cálice de ouro cheio de abominações; são as impurezas da sua prostituição. Sobre a fronte estava escrito um nome,

um mistério: "Babilônia, a Grande, a mãe das prostitutas e das abominações da terra" (Apocalipse 17,4-5).

Muitos exegetas reconheceram nessa visão a cidade de Roma, por muito tempo arqui-inimiga do cristianismo.

Babilônia, a Grande, é o nome às vezes atribuído pela Bíblia à cidade, quando é usado como símbolo do poder humano que se considera igual ou superior a Deus.

A torre de Babel foi símbolo da humanidade soberba e intemperante, que, no entanto, não conseguiu ultrapassar os limites impostos por Deus (Gênesis 11,1-9); a punição da confusão das línguas, infligida por Deus, encontra a sua analogia positiva no Novo Testamento, na descida do Espírito Santo em Pentecostes e no relativo milagre da compreensão mútua dos idiomas (Atos 2,6).

A lendária construção da Babilônia apresenta um importante paralelo em um antigo poema sumérico, "Enmerkar e o Senhor de Aratta", e no *Livro dos Jubileus*. Referências mais ou menos extensas a essa se encontram também nas obras de escritores da era helenística e romana: nos fragmentos de Alexandre Polímata e de Eupolemo nos *Oráculos sibilinos* e em Flávio Josefo.

A lenda da torre provavelmente deriva da grande Zigurate, que realmente existiu, da Babilônia, conhecida como Etemenanki, principal centro religioso da cidade e de todo os arredores.

Interpretações menos negativas do que a hebraica viram na torre babilonesa um símbolo da montanha cósmica e da sede humana pelo conhecimento; cada um dos grandes degraus representariam os únicos passos da incessante tensão do homem em direção a Deus e à verdade. A torre de Babel inspirou a iconografia e a arte de todos os tempos. Mundialmente famosas são as duas pinturas de Pieter Brueghel, o Velho. A primeira e mais famosa é a "Grande torre" conservada no Kunsthistorisches Museum de Viena. A segunda é a "Pequena torre", datável por volta de 1563 e mantida no Museum Boijmans Van Beuningen de Roterdá.

27

BALEIA

Morte e ressurreição

Símbolo de forças obscuras ambíguas, a baleia é protagonista do livro de Jonas. O profeta, removido do ofício divino de pregar em Nínive, é jogado ao mar, engolido por um grande peixe e, depois de três dias e três noites, devolvido à terra (Jonas 2,1). O mito é interpretado no cristianismo como um prelúdio da morte, sepultamento e ressurreição de Jesus.

Quando o livro de Jonas fala de um "grande peixe", mais do que em uma baleia ou em um tubarão branco – como teorizado por alguns – presumivelmente, o autor bíblico pensava em um dos monstros marinhos primordiais, símbolos do caos, citados na Bíblia: o Leviatã (ver *Dragão*, n. 22). Na narrativa este representa, por um lado, a inexorabilidade da vontade divina (o peixe muito provavelmente devolve Jonas perto do ponto de partida) e, por outro, o abismo em que o profeta caiu por causa da sua desobediência.

Essa imagem conheceu uma fortuna incrível na literatura. Foi retomada por Ludovico Ariosto em seus cinco cantos, adicionados e depois expurgados de *Orlando furioso*, onde quem acabou na barriga de uma baleia foi Astolfo;

de Rudolf Erich Raspe no *Barão de Münchhausen*, de Carlo Collodi em seu imortal *Pinóquio*.

O livro de Jonas e o livro de Jó renascem na obra-prima *Moby Dick*. O seu autor, Herman Melville, rivaliza grandiosamente com a Bíblia. Jó se torna Ismael e a baleia reaparece com a própria grandeza aterradora na forma do cachalote. O peixe de Melville vive no mundo sem ser do mundo.

28

ESPADA

Guerra e paz

Foi principalmente um símbolo de virtude militar, em particular de força viril e de coragem, além de inquestionável atributo de poder. A espada foi muitas vezes concebida como um ídolo fálico e, ao mesmo tempo, também associada ao sol, em referência à sua capacidade de refletir os raios do disco de fogo. Interpretada negativamente, tornou-se sinônimo de morte, guerra e terror. Muitas divindades da guerra tinham uma espada como atributo. A lâmina afiada está associada ao conceito de escolha, de separação do bem do mal e, portanto, é também um instrumento símbolo de justiça (Levítico 26,25; Isaías 34,5; Ezequiel 21,15); em muitas representações do Juízo Final, da boca de Cristo sai uma espada, por vezes com dois gumes, referindo-se a uma visão do Apocalipse (1,16). Segundo a teoria medieval das duas espadas, que formulou a interpretação do poder papal (primazia da Igreja sobre o Estado) e imperial (equiparação dos direitos das duas autoridades), uma espada simboliza respectivamente o poder temporal e espiritual.

A espada fulgurante com a qual Adão e Eva foram expulsos do Paraíso (Gênesis 3,24) é, ao mesmo tempo, uma atestação de poder e de justiça.

Jesus declara: "Não penseis que vim trazer a paz à terra. Não vim trazer paz, mas espada" (Mateus 10,34). A boa notícia não é uma mensagem de bem-estar tranquilizadora, mas um estímulo à batalha necessária para viver no dia a dia os mais altos valores éticos e espirituais.

29

ANJOS E DEMÔNIOS

A luta entre o bem e o mal

O termo anjo (em hebraico *mal'akh*, em grego antigo ἄγγελος) é usado nas Sagradas Escrituras sempre com o significado de mensageiro ou enviado, embora em passagens particulares possa também assumir o significado de guia, curador – no caso do arcanjo Rafael – ou mestre, no episódio do arcanjo Gabriel narrado pelo profeta Daniel (capítulos 8 e 9).

Os espíritos celestes são seres imateriais, não possuem um nome da forma como o entendemos, em vez disso, eles tomam um, de acordo com o papel desempenhado e da ordem hierárquica.

Segundo a tradição medieval – então retomada na *Comédia* de Dante –, as hierarquias angélicas presentes no céu seriam nove.

Uma primeira sugestão sobre a organização dos anjos vem da passagem da Carta aos Colossenses (1,16): "Porque nele foram criadas todas as coisas, nos céus e na terra, as visíveis e as invisíveis: Tronos, Soberanias, Principados, Autoridades, tudo foi criado por ele e para ele".

No século VI d.C., o teólogo Dionísio Areopagita, em seu trabalho *De Coelesti hyerarchia*, adicionou a essa lista as virtudes e as dominações, retomando algumas passagens dos Atos dos Apóstolos, ainda que estas não fossem completamente claras a respeito. A subdivisão é devida principalmente à diferença de função e de "residência" nas esferas celestes. A tradição rabínica faz uma divisão diferente, dependendo da esfera de domínio dos elementos: os anjos do ar, da água, do fogo e assim por diante.

De acordo com Dionísio, a ordem contém três hierarquias: a primeira hierarquia inclui serafins, querubins e tronos; a segunda hierarquia, as dominações, as virtudes e os poderes; a terceira hierarquia, os principados, os arcanjos e os anjos.

Entre os anjos, há também os anjos da guarda, de longe a ordem mais próxima do homem: acompanham-no desde o nascimento até a morte, dia após dia. Segundo a antiga tradição medieval, no momento da morte, se o fiel merece o Paraíso, é acompanhado pelo anjo da guarda.

De um certo ponto de vista, anjos e demônios são a mesma coisa, no sentido de que eles têm a mesma natureza, a mesma origem e as mesmas prerrogativas. Sua diferença consiste no fato de que os primeiros visam ao bem e à obediência para com a vontade divina, enquanto os últimos escolheram o caminho da rebelião e do mal; para outras linhas de pensamento, entretanto, essa diferença é apenas aparente, assim como também a ação dos demônios deve submeter-se à vontade de Deus e reentrar no projeto divino.

A existência de anjos e demônios está conectada ao que é o problema mais dramático não só do homem, mas de todo o universo: a eterna luta entre o bem e o mal.

A existência do mal, portanto, derivaria da rebelião, consumada na noite dos tempos por um bando de anjos que se recusaram a obedecer a Deus e à ordem cósmica que ele construiu. O líder dos anjos rebeldes é Lúcifer, "o portador de luz", "o filho da manhã"; também chamado de Satanás. De Lúcifer fala, no Antigo Testamento, o profeta Isaías (14,12-15).

30

VINHA

O povo de Israel

Na Grécia a vinha era consagrada a Dionísio, símbolo do renascimento em conexão com os mistérios dionisíacos, que celebravam o deus do êxtase como senhor da morte e, ao mesmo tempo, da regeneração de toda vida.

No contexto do simbolismo hebraico e cristão, a vinha é um arbusto sagrado com um significado icônico multifacetado; era considerada imagem do povo de Israel, de quem Deus cuida (Jeremias 2,21; Salmos 80,8-9); no Antigo Testamento, a vinha cercada e guardada é o povo escolhido de onde o Messias nascerá, o qual é comparado a uma vinha.

No livro do Eclesiástico, a Sabedoria se compara a uma vinha: "Como a videira produz sarmentos graciosos, e minhas flores deram frutos de glória e de riqueza. Vinde a mim vós que me desejais" (24,17-18).[6] Cristo se comparou à verdadeira videira, tronco impregnado de força vital que sustenta

---

[6] N.T.: A tradução da Bíblia de Jerusalém distorcia o significado da tradução da Bíblia italiana, por isso, foi usada aqui a Bíblia Tradução Ecumênica, TEB, São Paulo, Loyola, 1994, que era semelhante à tradução italiana usada pelo autor no original.

os fiéis como ramos. Somente quem recebe força dele pode multiplicar os frutos (João 15,1).

O cacho de uva trazido pelos exploradores da terra prometida é símbolo da felicidade e da abundância esperada pelo povo de Iahweh (Números 13,23); nos sarcófagos paleocristãos é uma imagem da vida eterna prometida pelo Ressuscitado. A imagem da vinha teve uma grande ressonância nas primeiras comunidades cristãs, que não demoraram em dar-lhe o significado de Igreja universal e de comunidade dos que creem; a própria Igreja, gerada por Cristo, é a verdadeira vinha de Deus que não será mais destruída ou abandonada.

Símbolos das catacumbas

31

CORDEIRO

Inocência e confiança

"Mas Iahweh fez cair sobre ele a iniquidade de todos nós. Foi maltratado, mas livremente se humilhou e não abriu a boca, como cordeiro conduzido ao matadouro" (Isaías 53,6-7). João Batista, muitos séculos depois das palavras do profeta, acolhendo Jesus no Jordão vai dizer: "Eis o Cordeiro de Deus, que tira o pecado do mundo" (João 1,29).

Por causa de sua brancura e mansidão, o cordeiro sempre foi um símbolo de inocência e confiança. Nos tempos antigos, era – juntamente com o carneiro – o animal de sacrifício por excelência, o assim chamado bode expiatório, que nos primeiros séculos do cristianismo foi associado à extrema imolação do Cristo, que se abandona impotente a seu destino, confiante na intervenção do Pai.

Nas paredes das catacumbas, o cordeirinho – retratado um pouco à parte, entre outras ovelhas – representa o Salvador que toma sobre si os pecados do mundo. O rebanho se refere também aos que creem e à Igreja dos mártires, e Jesus aparece frequentemente no papel de bom pastor (ver *Pastor*, 38).

A antiga tradição da Páscoa hebraica de sacrificar um cordeiro influenciou nos ritos da Sexta-feira Santa: Jesus assumiu, portanto, o valor de vítima expiatória e, por isso, o seu padecer; as mais antigas imagens das criptas mostram-no agachado e não em pé.

Para evitar confusão de cultos e crenças, que poderiam surgir por analogias de símbolos (no culto de Dionísio se sacrificava um cordeiro para induzir o deus a voltar para os infernos), o Concílio de Constantinopla, em 692, exigiu que a arte cristã representasse o Cristo não mais na forma de um cordeiro flanqueado pelo sol e pela lua, mas na cruz e na forma humana.

As catacumbas se espalharam por Roma durante o período das perseguições contra os cristãos, entre o final do século I e início do século III. Foi o Papa Zeferino (199-217) que confiou ao diácono Calisto a tarefa de supervisionar o cemitério da Via Appia, onde haviam sido enterrados também os mais importantes pontífices do século III. O sepultamento dos mortos em ambientes subterrâneos já era conhecido dos etruscos, dos hebreus e dos romanos, mas com o cristianismo nasceram cemitérios subterrâneos muito mais complexos e maiores. O termo antigo para designar esses monumentos era *coemeterium* (do grego "dormitório"), na verdade, para os cristãos, a morte do corpo não é nada além de um momento transitório aguardando a ressurreição final.

Na catacumba de Commodilla (distrito Ostiense de Roma), é possível ver, num afresco do século IV, um cordeiro abençoando os pães.

Nos séculos seguintes, o símbolo foi carregado de diferentes conotações: referia-se, por exemplo, ao Cristo ressuscitado e glorificado do Apocalipse. Nesse caso, o dócil ovino afirmava-se não somente como o purificador do mundo, mas também como o dominador, e a iconografia medieval o apresentava em pé, quase triunfante, com uma cruz que lhe perfurava o corpo de lado a lado. Nas representações do Juízo Universal, por exemplo, nos mosaicos da basílica de Santo Apollinare, em Ravenna, o Cristo foi retratado como aquele que separa as ovelhas das cabras.

32

ÂNCORA

A *crux* disfarçada

No período inicial do cristianismo – a julgar pelo estudo das catacumbas – o símbolo da cruz, desenhado no tufo ou traçado com cor, era raramente usado; certamente era menos frequente do que outros símbolos mais crípticos, como o peixe, os pães ou, precisamente, a âncora. Durante as perseguições contra os cristãos, de fato, era preferível o uso da *crux dissimulata*, obtida de diferentes maneiras: por exemplo, interpondo a letra hebraica "tau" maiúscula (T) no centro do nome do falecido.

A forma das primeiras âncoras marítimas – com os dois braços cruzados e um anel no topo para passar a corda – sugeria um modo oculto de representar a cruz cristã, especialmente durante o período em que era perigoso revelar a própria adesão religiosa. Era suficiente acrescentar à âncora uma barra no meio do mastro para torná-la, de fato, uma cruz disfarçada. Nos primeiros três séculos, foi representada nos túmulos e epitáfios, mas, depois do edito de Constantino, desapareceu quase completamente, sendo abertamente substituída pela cruz.

No Renascimento primeiro, e no Humanismo depois, a âncora assumiu um significado diferente, tornando-se um símbolo da segunda virtude teológica: a esperança. De acordo com São Paulo, de fato, a âncora à qual se deve confiar é Cristo, já que na tempestade representa a única sustentação que o navio tem.

Aqueles que visitam as catacumbas hoje ainda podem admirar o florescimento de uma arte simples, em parte narrativa e em parte simbólica, que tinha finalidades puramente catequéticas.

33

POMBA

Leveza e inocência

Desde o alvorecer do cristianismo, a pomba branca tem sido símbolo de leveza e inocência. Em alguns episódios do Antigo Testamento, é sinal visível da intervenção de Deus na história.

Como símbolo da vontade divina, aparece em Gênesis (8,11): é uma pomba que traz a Noé o ramo de oliveira que anuncia o fim do dilúvio universal e o início de uma nova era de paz entre Deus e os homens. Para os judeus, Jonas (*Yohnàh* significa "pombo") era e é um nome masculino comum. No Cântico dos Cânticos, "Minha pomba" é o nome amoroso dirigido pelo pastor apaixonado a Sulamita, e os doces olhos da menina são comparados aos de uma pomba.

No Novo Testamento (Mateus 3,16) é também uma pomba que é vista por João Batista descer do céu, durante o batismo de Cristo. Por essa razão, inicialmente, o animal foi associado ao Batismo em Tertuliano e em representações artísticas do século IV.

Nos códices em miniatura dos séculos V e VI, a pomba já se havia libertado do significado unicamente ligado ao rito batismal, para assumir o papel de símbolo do Espírito

Santo, em episódios como a Anunciação ou nas representações da Trindade.

Uma representação frequente da Trindade mostra uma mão descendo do céu (Deus), que, por sua vez, indica um cordeiro (Cristo) e uma pomba subjacente (Espírito Santo). Mais tarde, a pomba adquiriu significados mais fortes, chegando a distinguir todas as ações divinas na história da humanidade. Por exemplo, a partir do século IX, Gregório Magno começou a ser retratado com uma pomba em seu ombro sussurrando em seu ouvido: a pomba representa a inspiração divina. No século XV, uma miniatura mostra o pássaro branco ao lado de Daniel entre os leões.

Na Ásia Ocidental, a pomba estava ligada a Ishtar, a deusa da fertilidade nos cultos babilônicos. Na Grécia, era sagrada para Afrodite. Na Índia e em parte também da antiga Alemanha, uma pomba escura era considerada portadora de morte e de infortúnio.

O islã considerava a pomba um pássaro sagrado, porque se presumia que ela tinha protegido Maomé na fuga.

O pássaro branco, com o louro e a coroa do martírio no bico, remetia ao cristão batizado ou ao mártir, enquanto no contexto das quatro virtudes cardeais simbolizava a temperança. Finalmente, não podemos esquecer que, quase universalmente, um par de pombas brancas é símbolo do amor dos casais.

A arte das catacumbas era, acima de tudo, arte simbólica, útil para transmitir na simplicidade alguns conceitos teológicos difíceis ou para aludir a realidades de fé que, devido às perseguições, deviam ser mantidas ocultas.

Símbolos de vários significados eram frequentemente gravados nas placas de fechamento dos nichos cristãos. Em alguns casos, retratava-se uma ferramenta relacionada ao trabalho realizado em vida pelo defunto. Outros símbolos – como copos, pães, ânforas – faziam alusão às refeições fúnebres consumidas em homenagem aos mortos: a chamada *refrigeria*.

34

FÊNIX

Ressurreição e imortalidade

Segundo uma antiga lenda, quando a fênix se sentia próxima da morte coletava ervas aromáticas – sândalo, canela e murta – e construía para si um grande ninho oval no qual se deixaria queimar pelas próprias chamas. Das cinzas nascia um ovo que, sob os raios do sol, eclodiria em três dias, gerando uma jovem fênix pronta para voar.

Ao contrário do que o nome sugere, de acordo com a tradição, a fênix era um pássaro de sexo masculino. Pássaro sagrado para os egípcios, no imaginário era associado à alvéola-amarela, à garça ou a uma águia dourada: era considerado a encarnação do deus sol Rá, criador do céu e da terra, que se teria colocado na colina primordial dando origem ao ciclo das estações. Emplumado multicolorido de um mundo fantástico, era pintado com penas vermelhas em seu corpo, pescoço dourado e calda riscada de azul. As longas pernas e o bico longo e delgado, com dois tufos coloridos na cabeça, tornavam-no semelhante à garça, embora os romanos o relacionavam ao faisão, e, na Bíblia, foi por vezes associado ao íbis ou ao pavão.

A referência à eterna regeneração periódica da fênix arábica foi acolhida pelos gregos, pelos romanos e, por fim, pelos padres da Igreja: no final de determinados intervalos de tempo (a cada 500, 1000 ou 1461 anos), a ave misteriosa, que se sacrificava por autocombustão e ressurgia das cinzas, tornou-se um dos muitos símbolos de Cristo, da sua ressurreição e da imortalidade.

35

MONOGRAMA DE CRISTO

Entre alfa e ômega

Nos mosaicos das catacumbas, o *Chi Rho* é o monograma de Cristo por excelência. É essencialmente constituído pela sobreposição das duas primeiras letras (X e P) do nome grego de Cristo (*Χριστός*, em latim *Christós*): X é o equivalente de "ch" na transliteração latina e P é o equivalente de "r", o mesmo também se dá com a pronúncia. Outras letras e símbolos eram acrescentados geralmente ao redor do monograma, mas não alteravam o significado original. Esse símbolo está presente, ainda hoje, nas vestes sagradas, nas decorações dos altares, nos túmulos e nas igrejas.

Mais antigamente, o signo foi formado pelas iniciais de *Jesus Christus* (J e X), usadas para designar Cristo ou, genericamente, também o cristianismo. Na maioria das vezes, as duas letras eram inscritas em um círculo, para criar a impressão de uma roda, símbolo cósmico e solar. As letras gregas adicionadas à esquerda e à direita do monograma eram α e ω (alfa e ômega); em alguns casos, em vez das letras, pintavam-se um sol e uma lua, aludindo aos eventos atmosféricos desencadeados pela crucificação, quando o sol escureceu e, depois de um terremoto, a escuridão caiu sobre toda a terra. Alfa e ômega são a primeira e a última letra do alfabeto grego, indicando que Cristo é o começo e o fim de tudo, de acordo com a citação do Apocalipse. Entre o alfa e o ômega estão todas as outras letras, por isso é também símbolo do abrangente, da totalidade de Deus e, em particular, de Cristo, primeira e última Palavra da história (Apocalipse 1,8; 22,13). Note que a afirmação é citada no livro do Novo Testamento com referência a Deus Pai e, mais tarde, a Jesus. Uma equiparação de divindade contra aqueles que faziam distinção de natureza entre o Pai e o Filho. Alfa (α) é também a primeira letra da palavra ἀρχή (*archè*, ou seja, início); na Bíblia, assim como na arte e literatura cristãs, representa, portanto, as origens, os primórdios.

No cristianismo, ômega (ω) é acima de tudo símbolo do cumprimento da Criação.

Teilhard de Chardin, o grande teólogo e paleontólogo jesuíta, usou as duas letras para ilustrar a sua teoria da evolução. Chamou o "ponto ômega" de objetivo da evolução humana, para o qual aponta não apenas o universo inteiro, mas deve apontar o próprio indivíduo, fazendo da mesma vida um caminho de crescimento, uma aventura de humanização progressiva em Cristo.

Debaixo do monograma, nos séculos seguintes, foi colocada também uma cruz, a chamada *cruz da anástase*, que, na verdade, era a antiga letra T (tau), última do alfabeto hebraico, considerada, como o ômega grego, símbolo de completude. Na arte funerária, a cruz da anástase tinha uma forma e um significado duplos: representação simbólica da morte (uma cruz sem o corpo de Cristo, com o seu monograma) e da ressurreição de Cristo (uma cruz com os guardas que dormem ao lado, considerada a cruz da vitória). Esse tipo de cruz foi encontrado em muitos sarcófagos do século IV.

36

BARCO

Da vida para a vida

Desde os tempos antigos, o barco tem sido símbolo do trajeto do reino dos vivos para o dos mortos: é encontrado nas tradições lendárias de muitos povos. Na mitologia grega, por exemplo, o timoneiro Caronte transportava as almas para o Hades, fazendo-as entrar em um barco que cruzava de um lado para o outro o Stige, o rio fronteiriço entre a vida terrena e o submundo.

De acordo com a tradição egípcia, o deus sol Rá navegava no céu durante o dia no "barco do dia" e, à noite, no "barco da noite" através da vida após a morte.

Por causa de sua forma, que permite uma navegação nas duas direções opostas, o barco também era a "personificação simbólica" do antigo deus romano Jano, que possui duas faces.

Discute-se se este símbolo deriva da tradição judaica ou da simbólica grega. As imagens marítimas não são familiares à Bíblia. Israel não era um povo de marinheiros, enquanto os robustos navios gregos navegavam pelo Mediterrâneo; entre os gregos é frequente a alegoria do barco como Estado, e Platão descreve as vantagens deste barco quando é bem governado por seu timoneiro. No Antigo Testamento, a tempestade representa as provas – tanto pessoais quanto coletivas – que o povo hebreu deve suportar e das quais só pode ser libertado graças às orações e a intervenção de Iahweh. O barco está, portanto, inserido em uma perspectiva de salvação do naufrágio e indica a viagem perigosa da alma nesta vida rumo à eternidade.

Na Palestina, o barco fazia parte dos símbolos cristãos arcaicos dos ossuários, enquanto o barco das representações das catacumbas tornou-se imagem da viagem da vida. Com o passar do tempo, com referência à arca de Noé, ele foi associado à Igreja, que no mundo passa por tempestades e calmarias.

A forma arquitetônica das primeiras igrejas – chamadas precisamente de *navata* – queria referir-se a um barco, muitas vezes também nos detalhes: por vezes, os altares retomavam a forma de uma navicela. No início do cristianismo (séculos II-III), o simbolismo aparece também nos escritos dos padres da Igreja. Tertuliano é o primeiro a torná-lo um símbolo explícito da Igreja, identificando no barco em meio à tempestade (Marcos 4,35-41) a Igreja das origens atormentada pela perseguição.

No pseudo-Clemente (século III) diz-se que todo o corpo da Igreja é como uma grande embarcação que transporta homens de diferentes origens: Cristo é o piloto, o bispo é o sentinela, os presbíteros são os marinheiros, os diáconos são os chefes dos remadores, e os catequistas, os ajudantes.

Note-se que, inicialmente, o barco era a humanidade, que é o *objeto da salvação:* uma salvação do alto, que vinha por meio da encarnação de Jesus, timoneiro rumo ao porto seguro do Reino messiânico. Mais tarde, o próprio barco se tornará *meio de salvação* para aqueles que sobem a bordo, com clara referência à comunidade dos que creem e com todas as consequências: "*Extra Ecclesiam Nulla Salus*" [Fora da Igreja não há salvação].

37

PALMA

Glória e martírio

A palma de tâmaras – árvore do Oriente com um tronco alto, que, devido à sua ductilidade, o vento não pode quebrar – vive até trezentos anos. Entre os babilônios, era uma árvore divina. No Egito, provavelmente ligada ao significado simbólico de "árvore da vida", era frequentemente o modelo para a estrutura e a decoração de colunas.

A antiguidade clássica conhecia os galhos da palma como símbolo da vitória nos jogos públicos. Entre os gregos era consagrada a Helios e a Apolo. O seu nome grego, *phoenix* (fênix), indicava uma estreita relação simbólica com o pássaro lendário (cf. *Fênix*, n. 34).

Os ramos de palma eram sinais muito frequentes de vitória, de alegria e de paz. A multidão que acolheu a entrada de Jesus em Jerusalém, com ramos de palmeira, queria sublinhar o aspecto triunfal e glorioso do evento (João 12,13). As folhas perenes da palmeira também são uma imagem simbólica da vida eterna e da ressurreição. Por isso, na arte cristã, os ramos da palmeira recordam frequentemente os atributos dos mártires. Seu significado é o da vitória, ascensão, renascimento e imortalidade. Esse símbolo, presente desde o início da época paleocristã, está ligado a uma passagem do Salmo 91,13, que diz: "O justo brota como a palmeira". A palmeira, de fato, produz uma inflorescência quando parece morta, assim como os mártires recebem sua recompensa, no Paraíso, somente após o falecimento.

A iconografia cristã das origens usou sistematicamente temas pagãos (gregos e romanos), especialmente nos três primeiros séculos. Para aludir ao "Cristo vitorioso" sobre a morte, também foram utilizados atributos solares, relacionados ao culto persa-helênico de Mitras, como a coroa radiata do *Sol Invictus*. Um mosaico que retrata Jesus como Apolo-Hélio foi descoberto em um mausoléu, sob a Basílica de São Pedro, que remonta a 250 d.C., ou seja, no período da perseguição de Valeriano. A pertença do mosaico ao cristianismo se deduziria pelos ramos de videiras que circundam a imagem do deus Hélio.

Muito antes de Eliogábalo e de seus sucessores espalharem o culto do *Sol Invictus* em Roma, os romanos acreditavam que os cristãos adorassem o sol. De acordo com o imperador romano Adriano, "os adoradores de Serápides são cristãos e aqueles que são devotos do deus Serápides chamam a si próprios de vigários de Cristo" (*História Augusta, Vida de Saturnino 8,2*). Tertuliano também observava: "Muitos acreditam que o Deus cristão é o sol, porque é um fato conhecido que oramos virados para o sol nascente e que no Dia do Sol ficamos alegres" (Tertuliano, *Ad nationes, apologeticum, de testimonio animae*).

Essa confusão certamente era favorecida pelo fato de que Jesus havia ressuscitado no primeiro dia da semana, aquele dedicado ao sol, e os cristãos tinham o costume de comemorar esse acontecimento precisamente naquele dia que nós chamamos hoje de domingo.

Então, quando o imperador Teodósio (347-395 d.C.) elevou realmente o cristianismo à religião de Estado, a vitória do astro Jesus estava selada.

38

PASTOR

Jesus salva

Em muitas civilizações, o pastor recorda a figura paterna atenta e carinhosa. Igualmente o soberano era, muitas vezes, concebido ou retratado como um pastor. De fato, as insígnias dos faraós egípcios contavam com muita iconografia do pastoreio.

Deus é o pastor do povo de Israel (Salmo 23); Jesus Cristo é o bom pastor (João 10): a imagem de Cristo, mais frequentemente reproduzida pelos primeiros cristãos na Mesopotâmia e na Grécia, tem origem na iconografia do pastor que carrega em seus ombros um cordeiro (ou um bezerrinho). Cristo, como bom pastor, aparece nas representações paleocristãs do século III; mais do que um símbolo em sentido estrito, é uma referência precisa que Jesus fez de si mesmo no Evangelho. O significado é simples: Jesus é o pastor e os seus discípulos, todos os discípulos de todos os tempos, são as ovelhas que ele mesmo conhece, uma a uma, chamando-as pelo nome.

Tanto na pintura quanto na escultura do cristianismo primitivo, o bom pastor é apresentado, de acordo com a forma clássica, no esplendor da juventude: a cabeça é ligeiramente curvada para um lado, usa uma túnica curta que desce até os joelhos, apertada no corpo por um cinto; o ombro direito está completamente nu, enquanto os pés estão cobertos com botas. Leva a tiracolo o alforje para as provisões e carrega sobre os ombros uma ovelhinha que se mantém firme em suas pernas; nos lados, dois cordeiros olham confiantes para ele: o bom pastor é o Salvador, e a ovelha é a alma redimida pelo amor.

39

PAVÃO

Beleza e eternidade

No hinduísmo, provavelmente devido a sua cauda, é consagrado ao sol, e, com uma serpente no bico, é símbolo da luz que vence as trevas; no budismo é a montaria do Buda. A beleza de suas penas foi, muitas vezes, considerada consequência de uma transmutação do veneno assimilado na sua luta com a serpente.

A cauda do pavão, que reúne em si todas as cores, na tradição exotérica era símbolo de totalidade.

No simbolismo do Oriente Médio o pavão personificava o pecado capital da soberba. Pelo seu comportamento vistoso e artificial nos amores, na época moderna ele foi concebido como simulacro da vaidade presunçosa.

O islã vê na cauda da grande ave um símbolo do universo, às vezes até da lua cheia ou do sol do meio-dia. A sua celebridade remonta ao mundo clássico e foi tal que apareceu em algumas moedas da antiga Grécia. Para os gregos, representava o esplendor do firmamento e estava ligado à Hera, Juno, a mãe de todos os deuses pela sua misteriosa beleza.

O pavão aparece em muitos preciosos mosaicos encontrados nas casas dos patrícios romanos, para os quais simbolizava a incorruptibilidade. Acreditava-se que suas carnes, sob certas condições, nunca entrariam em estado de putrefação. Por essa razão, também era considerado símbolo da imortalidade.

A sua natureza extraordinária não acabava aqui. O fato de no inverno perder as penas e conseguir novas, e até mais belas na primavera, fez com que o mundo cristão dos primeiros séculos o adotasse como símbolo de ressurreição. Essa é a razão pela qual foram encontradas várias imagens suas nas catacumbas de Roma.

No cristianismo das origens, imagens do pavão se repetem tanto como símbolos solares quanto como imagens da vida alegre após a morte.

O pavão decorava as pequenas luzes, que, na escuridão do túnel, num todo altamente sugestivo, expressavam a fé no Cristo ressuscitado.

Os símbolos das catacumbas – silenciosas e comovidas testemunhas de fé – eram sinais criados pelos primeiros cristãos para os novos tempos. Grafites sem pretensões estéticas excessivas, que, no entanto, possuíam o poder comunicativo da obra de arte; uma força semelhante à das obras dos grandes artistas modernos e contemporâneos que, tendo ultrapassado o limiar da forma e do tecnicismo, aventuraram-se livremente nas áreas misteriosas e sublimes do espírito.

Na segunda metade do século IV, o Papa Dâmaso partiu em busca dos túmulos dos mártires nas várias catacumbas de Roma. Reencontrando os sepulcros, restaurou-os e fez gravar esplêndidos elogios em homenagem àqueles primeiros campeões da fé. No século VI, também os Papas Vigílio e João III recomporam as catacumbas arruinadas pelas incursões dos inimigos na guerra greco-gótica. Ainda mais tarde, entre os séculos VIII e IX, os Papas Adriano I e Leão III restauraram os santuários martiriais das catacumbas romanas. Eram lugares que alimentavam a fé.

40

PEIXE

O sinal secreto

"Peixe" em grego se escrevia ἰχθύς (*ichtùs*). Colocadas verticalmente, as letras dessa palavra formam um acrônimo: Ἰησοῦς Χριστός Θεοῦ Υἱός Σωτήρ (*Iesùs Christòs Theòu Uiòs Sotèr*, ou seja, Jesus Cristo, Filho de Deus Salvador).

Animal que vive debaixo d'água sem se afogar, o peixe simbolizava o Cristo, que pode entrar na morte enquanto permanece vivo. Quando os cristãos se encontravam ameaçados pelos romanos, nos primeiros séculos depois de Cristo, colocavam cartazes para indicar os locais das reuniões secretas com o desenho de um peixe, que também era usado para distinguir os amigos dos inimigos. Segundo a tradição, quando um cristão encontrava um desconhecido ou estranho na rua, desenhava um arco no chão e, se o estranho completasse o desenho com um arco oposto, também este se identificava como um cristão.

Antes mesmo dos cristãos, gregos, romanos e outros pagãos usavam o símbolo do peixe, que, portanto, não despertava suspeitas, disfarçando-se perfeitamente entre os fiéis perseguidos. Os primeiros cristãos tornaram-no um uso predominante por conveniência. O peixe também tinha muitas reminiscências evangélicas: Jesus alimentou cinco mil pessoas com cinco pães e dois peixes; também chamou seus discípulos de "pescadores de homens".

Uma interpretação posterior deriva das determinações astrológicas da era do Peixe. A conjunção entre o planeta Júpiter e o planeta Saturno ocorreu no ano 7 a.C. (provavelmente o verdadeiro ano do nascimento de Cristo) por três vezes no signo zodíaco dos Peixes; além disso, também o equinócio de primavera cai neste signo. Se quis ver, então, em Jesus o começo da nova era do mundo sob o signo de Peixes.

Referindo-se ao *ichtùs*, as pessoas recém-convertidas ao cristianismo eram definidas como *pisciculus* (pequenos peixes – N.T.), e o próprio peixe era considerado, juntamente com o pão, símbolo da refeição divina. A especulação cristã chamou a atenção para o fato de que, assim como durante o dilúvio universal os peixes não foram afetados pela maldição de Deus, assim os cristãos, através do Batismo, se tornariam semelhantes aos peixes e se salvariam.

Nos cultos pagãos Ichthys era filho da antiga deusa Atargatis, conhecida também nos vários sistemas míticos como: Tirgata, Afrodite, Pelagia ou Golfinho.

O peixe é também um elemento crucial em outras lendas, incluindo a da deusa de Éfeso e a do peixe do Nilo que engoliu uma parte do corpo de Osíris. O peixe era também visto como símbolo da sexualidade de Ísis, que teve uma relação com Osíris, da qual nasceu um filho, Harpócrates. Portanto, entre os gentios, o peixe era símbolo de fertilidade.

Os símbolos das catacumbas se multiplicaram quando a religião cristã foi ferozmente atacada pelo poder dominante romano, pelas ideias de fraternidade e igualdade que se pregava em uma sociedade predominantemente bélica e escravista. Durante a perseguição de Nero, em 64 d.C., a religião dos cristãos foi considerada "uma superstição estranha e ilegal". Os pagãos suspeitavam dos cristãos e acusavam-nos dos piores crimes: canibalismo, incesto, alta traição.

Símbolos antropomórficos

41

ADÃO

Terra e sangue

A criação de Adão é narrada em Gênesis em duas histórias (1,26-28.31; 2,4-9.15-25). Na primeira versão, a criação dos progenitores é inserida no esquema dos sete dias e é o último ato da obra de Deus: o homem é, portanto, visto como a culminação da Criação, criado à imagem e semelhança do Criador. Na segunda história, é contado como Iahweh moldou Adão com a terra (*adamah*) e soprou o espírito vital em suas narinas. Adão é o nome – de acordo com o hebraísmo, o cristianismo e o islamismo – do primeiro homem e significa "humanidade", "homem terreno", "terroso" ou "moldado da terra vermelha". *Adamah* é a terra vermelha, e *dam* significa sangue.

Para a Igreja Católica, Adão é santo e é lembrado no dia 24 de dezembro.

Na arte foi raramente retratado sem Eva (ver *Adão e Eva*, n. 42). De acordo com uma lenda medieval antiga, no calvário estaria o túmulo de Adão: esta lenda aparece na iconografia da crucifixão representada pelo crânio de Adão colocado sob a cruz – às vezes junto à costela da qual nasceu Eva ou de todo o esqueleto –, como alusão simbólica a Cristo, novo Adão.

Digno de ser recordado é o mito de Lilith, a primeira esposa de Adão. Lilith aparece no conjunto de crenças do hebraísmo como a primeira mulher criada, primeira companheira de Adão e anterior a Eva. A sua figura, delineada na Idade Média, remonta a antigos mitos e lendas da Mesopotâmia. Na imaginação popular hebraica era temida como demônio noturno, uma espécie de bruxa sempre à procura de crianças do sexo masculino com menos de dois anos para devorar.

42

ADÃO E EVA

Reconhecer-se como casal

Na primeira narração do Gênesis se lê:

> Deus disse: "Façamos o homem à nossa imagem, como nossa semelhança, e que eles dominem sobre os peixes do mar, as aves do céu, os animais domésticos, todas as feras e todos os répteis que rastejam sobre a terra". Deus criou o homem à sua imagem, à imagem de Deus ele o criou, homem e mulher ele os criou (Gênesis 1,26-27).

Na segunda narração, conta-se como Deus moldou Adão com a terra (*adamah*) e soprou em suas narinas o espírito (em hebraico *ruah*). Então Deus mostrou ao primeiro homem os animais e permitiu que ele nomeasse todos os seres vivos, mas, vendo que nenhum deles "lhe correspondesse", disse: "Não é bom que o homem esteja só", e assim criou a mulher, Eva, moldando-a com uma de suas costelas, depois de imergi-lo em um sono profundo; ao despertar, Adão reconheceu em Eva a própria companheira (Gênesis 2,7-25).

De acordo com a *Bereshit* ("No princípio") – este é o nome hebraico de Gênesis –, Adão e Eva foram o primeiro casal da humanidade capaz de reconhecer-se como tal.

A iconografia mais comum retrata-os em três momentos distintos: a tentação da serpente no Paraíso, a primeira aparição da vergonha, a expulsão do Éden.

Não raramente surgem, junto ao casal, certos atributos simbólicos: um cordeiro aos pés de Eva faz alusão a Cristo, seu descendente. Ovelhas, espigas e ferramentas remetem ao esforço do homem forçado a trabalhar para viver fora do Éden, depois do pecado da desobediência.

43

ABRAÃO

O ventre dos justos

No Martirológio romano, com data de 9 de outubro, se lê: "Comemoração de Santo Abraão, patriarca e pai de todos os crentes, que, chamado por Deus, saiu da sua pátria, a cidade de Ur dos Caldeus, e se pôs a caminho da terra prometida, por Deus, a ele e à sua descendência. Manifestou toda a sua fé em Deus, esperando contra toda a esperança, quando não recusou oferecer em sacrifício o seu único filho Isaac" (n. 3).[7] Abraão, o patriarca bíblico, foi considerado figura simbólica de uma nova raça humana; representa o homem escolhido por Deus, abençoado por promessas cumpridas: riqueza e descendência; é também modelo de uma fé absoluta e obediente e de uma imediata disponibilidade à renúncia (Gênesis 12–15).

Muitas miniaturas medievais representam o mito do "ventre de Abraão", que representa simbolicamente o refúgio que o fiel encontra em Deus: Abraão, que o Novo Testamento considera no trono no Paraíso, leva nos joelhos um grupo de

---

[7] N.T.: Tradução de Martirológio romano on-line. Disponível em: <http://www.liturgia.pt/martirologio/elogio.php?data=2018-10-09>. Acesso em: 27 de dezembro de 2018.

eleitos reunidos em um pano; às vezes, Lázaro também se encontra junto ao patriarca, com referência à parábola do pobre Lázaro (Lucas 16,19-31).

Na literatura judaica, o "ventre de Abraão" era o lugar onde os justos descansavam; de acordo com o escritor cristão Tertuliano, era aquela região não celestial, no entanto mais alta do que os infernos, onde as almas justas têm um consolo temporário até a ressurreição da carne. O "sacrifício" não realizado do filho Isaac é interpretado na tradição cristã como uma prefiguração simbólica da paixão de Cristo.

44

MESSIAS

O ungido do Senhor

A palavra "Messias" é um termo derivado do hebraico que significa "ungido" e que corresponde ao antigo grego *Μεσσίας*, mais tarde traduzido para o latim eclesiástico como *Messīas-Messīae*; a palavra "ungido" também é traduzida em grego como *Χριστός* (em latim *Christós*).

No Antigo Testamento, a unção era conferida a pessoas que tinham que desempenhar papéis particulares: o rei, o profeta, o sacerdote; em particular, com a unção de Saul, este gesto indicava a consagração de um rei. Com o exílio babilônico (587-538 a.C.), a esperança de um Rei-Messias que Deus enviaria definitivamente para mudar a sorte de Israel se espalhou no povo prisioneiro; um Messias que o cristianismo identifica com Cristo, da linhagem de Davi, de acordo com as promessas antigas. Tanto na fé hebraica quanto na cristã, acredita-se que – em algum momento na história da humanidade – vá aparecer um enviado de Deus para redimir o mundo estabelecendo um reino de paz e reconciliação. No cristianismo, a figura desse enviado coincide com a de Jesus de Nazaré; portanto, para os cristãos, o Messias já apareceu. O próprio Jesus identificou-se como o Messias, mas não de acordo com as expectativas da sua contemporaneidade, que esperava para Israel um libertador político do domínio do Império romano, mas sim de acordo com as etapas da paixão, morte na cruz e ressurreição, necessárias para a salvação de toda a humanidade. Um messianismo, em suma, de mansidão e rebaixamento, que, no entanto, culminará com a ascensão profetizada por muitos autores bíblicos, entre os quais Isaías (52,13-15).

45

VIRGEM MARIA

Maternidade e divindade

Um dos mais famosos ícones bizantinos é o da Virgem Hodigitria. A origem do nome é incerta: a versão mais popular é "Aquele que mostra o caminho", embora, na realidade, a imagem deva o seu nome ao mosteiro constantinopolitano de Hodegon, ou seja, das Guias, aqueles monges que executavam a função de guia para os cegos. Os mosteiros metropolitanos, de fato, realizavam uma atividade de caridade e assistencial, semelhante àquela que, no Ocidente, havia sido feita pelas ordens mendicantes e pelas confrarias.

O ícone é caracterizado pelo gesto da mão da Virgem que indica a criança, o caminho para Deus e a salvação. A Virgem segura o Filho com o braço esquerdo e o indica com a mão direita, o olhar de ambos está voltado ao fiel.

O tema iconográfico mais rico e complexo da história da arte cristã é certamente o da Virgem. O arcanjo Gabriel tinha anunciado à Virgem Maria que ela conceberia virginalmente, por obra do Espírito Santo. As infinitas nuances teológicas dessa figura trazem à luz, na iconografia, o constante e imediato contato com a devoção popular, da qual deriva uma grande e diversificada quantidade de imagens que tornam a classificação extremamente complicada. Uma ajuda para classificar os sujeitos pode ser a de utilizar os títulos das ladainhas marianas.

A importância de Maria foi imediatamente reconhecida pelos primeiros cristãos, que, para evitar perigosas heresias cristológicas, fizeram dela objeto de algumas definições dogmáticas, comuns às Igrejas orientais e ocidentais. Em particular:

– *a virgindade fecunda*: a concepção de Jesus sem pai humano, registrada no Evangelho de Mateus: "José, ao despertar do sono, agiu conforme o Anjo do Senhor lhe ordenara e recebeu em casa sua mulher. Mas não a conheceu até o dia em que ela deu à luz um filho. E ele o chamou com o nome de Jesus" (Mateus 1,24-25);

– *a virgindade perpétua*: de acordo com o II Concílio de Constantinopla (ano 553), após o nascimento de Jesus, Maria não teria tido outros filhos, permanecendo sempre virgem, antes, depois e durante o parto;

– *a maternidade de Deus* (*Theotokos*): a Virgem Maria é a "Mãe de Deus", título reafirmado em 431 pelo Concílio de Éfeso; uma afirmação destinada a enfatizar a singularidade da pessoa de Cristo nas duas naturezas, humana e divina.

De acordo com muitas lendas medievais, o unicórnio só pode ser capturado e domesticado por uma virgem pura, em cujo ventre vai se refugiar, quando for perseguido e caçado. É por isso que há muitas representações na arte cristã de Maria com o unicórnio no ventre, que aludem também à Imaculada Conceição.

Ao longo dos séculos, no misticismo cristão, a virgindade era vista como símbolo de vigilância espiritual: emblemática, nesse sentido, é a parábola das virgens prudentes que enchem as suas lâmpadas com óleo em oposição às virgens imprudentes e tolas (Mateus 25,1-13).

Alguns místicos cristãos apontaram a Virgem como modelo da alma sempre pronta a receber Deus.

46

MAGOS

Os buscadores de Deus

De acordo com a maioria dos estudiosos, os três misteriosos personagens de que falam o Evangelho de Mateus e alguns evangelhos apócrifos, eram seguidores daquela religião do Oriente, rica de sabedoria, que era o zoroastrismo: culto que adorava principalmente o Deus sol.

Considera-se, portanto, que os magos pertencessem, com toda a probabilidade, àqueles grupos de astrônomos e sacerdotes dedicados ao culto dos astros, que tinham o hábito de realizar peregrinações da Pérsia ao Egito, para locais considerados sagrados como a planície de Gizé, onde surgem as grandes pirâmides. E essas peregrinações ocorriam precisamente nos dias da festa religiosa mais importante: a festa do solstício de inverno (24 de dezembro); uma festa que se celebra ainda hoje no Irã (antiga Pérsia), e que nem sequer o duro regime islâmico conseguiu apagar.

Os magos eram, portanto, incansáveis escrutadores do céu e esperavam da abóbada celeste um evento cósmico extraordinário anunciado pelo profeta Zoroastro: o sinal da vinda de um rei, senhor do tempo e do espaço, que teria colocado um ponto final, para sempre, na luta entre as forças do bem e do mal.

O cometa que os magos seguiram naqueles dias para o Egito era, então, o sinal tão esperado?

Até aqui a história é fascinante. Diz-nos, simbolicamente, que a vinda do Messias, um enviado do céu, era um acontecimento esperado não só pelos hebreus, mas também por populações com diferentes crenças religiosas, ainda portadoras de sementes de sabedoria. O acontecimento nos fala, acima de tudo, que esses "buscadores de verdade", sempre com o olfato apurado para investigar o universo, foram chamados a uma verdade mais profunda, a uma sabedoria maior: olhar para uma criança. É como se a estrela os tivesse convidado a parar de observar o firmamento, para dirigir, pelo menos uma vez, um olhar atento sobre o mundo: olhar para o Homem, ou melhor, um filho do Homem, uma criança. O sol eterno – a verdade tão procurada – não está no céu, mas no coração do homem.

A aventura dos magos nos dá o sentido último do cristianismo: a revelação universal da dignidade divina que mora aqui, tornada visível em toda a sua plenitude por Jesus de Nazaré, mas também da vida dos "puros de coração" que amaram a terra aqui e agora, produzindo o bem, buscando a justiça, gerando beleza.

A tradição obtém o número dos magos do *Evangelho armênio apócrifo da infância*. O texto indica o nascimento de Cristo no dia 6 de janeiro, dia da Epifania, cujo significado é "manifestação de Deus entre os homens"; como é sabido, a data de 25 de dezembro se impôs no Ocidente pela sobreposição ao culto então difundido entre os antigos romanos do *Dies Natalis Solis Invicti*, celebrado no 25 de dezembro. Nesse apócrifo aparece, pela primeira vez, a crença de que os magos eram três, e também reis. Segundo alguns estudiosos, o número indica as três idades do homem ou os três continentes conhecidos naquele tempo. Os dons que eles levam para o Menino referem-se à sua natureza humana (mirra), divina (incenso) e de rei (ouro).

47

APÓSTOLOS

Os sinais de reconhecimento

O termo indica "aquele que é enviado por outro em seu nome", e deriva do grego *ἀποστέλλω* (enviado, mandado).

Na arte cristã, a partir do século XIII, os apóstolos são marcados por sinais particulares de reconhecimento.

Tiago, o Maior: chapéu e cajado do peregrino, vieira, alforje; às vezes, o livro e a espada de Santiago, o Matamoros, ou seja, o matador de muçulmanos.

André: cruz de Santo André; barba longa e branca; às vezes, com a rede e os peixes; o traje é muitas vezes verde.

Pedro: chaves, tonsura, cabelos crespos e brancos, barba branca e curta, gaulês; às vezes, está vestido como papa.

João: livro, água, cálice com serpentes; o caldeirão onde foi fervido vivo; pode ter um aspecto juvenil e imberbe (como apóstolo próximo a Jesus) ou também de um velho e com barba branca (como evangelista).

Filipe: o tau; às vezes, o dragão.

Tomé: esquadro, lança, cinto de Maria.

Bartolomeu: faca, às vezes, com a pele esfolada no braço; na Espanha, muitas vezes está na companhia do demônio acorrentado.

Mateus: livro, anjo e alabarda.

Tiago, o Menor: espada, pau ou bandeira.

Simão, o Zelote: uma serra.

Judas Tadeu: uma lança.

Matias: uma pedra ou um machado.

48

EVANGELISTAS

O tetramorfo

Os atributos associados à representação dos evangelistas também podem aparecer em sua substituição. O homem é designado para São Mateus, o leão para São Marcos, o touro para São Lucas e a águia para São João. Essas atribuições derivam de uma visão descrita no Apocalipse (4,7): o tetramorfo. Os símbolos dos evangelistas, originalmente, eram quase sempre explicados em relação ao Salvador: Cristo, com seu nascimento, se fez *homem*, morreu como animal sacrificial (touro), se levantou da sepultura como um *leão*, e, na ascensão, subiu aos céus como uma *águia*.

Nos séculos seguintes, espalhou-se uma outra interpretação, que ligou o homem (muitas vezes alado) de São Mateus à árvore genealógica de Jesus; o leão de São Marcos foi concebido como indicação do início de seu Evangelho, que relata o sermão de João Batista no deserto; o touro – como animal de sacrifício – foi associado ao início do Evangelho de Lucas, que conta o sacrifício de Zacarias; a águia foi considerada símbolo do altíssimo voo místico do Evangelho de São João.

O tetramorfo (literalmente: "quatro figuras"), até o final da Idade Média, era um símbolo que compreendia os querubins e os emblemas dos evangelistas reunidos em uma só figura com quatro rostos e quatro ou seis asas; resultava de uma visão descrita em Ezequiel (1,10) e no Apocalipse (4,7): quatro seres alados semelhantes a um homem, a um leão, a um touro e a uma águia. Tratava-se, provavelmente, no princípio, de uma imagem simbólica da onipresença espiritual de Deus.

49

PANTOCRATOR

O soberano de tudo

A acepção vem do mito de Zeus pantocrator: do grego *pantocrator*, "soberano de todas as coisas", erroneamente traduzido como onipotente. O Cristo Pantocrator é uma representação de Jesus típica da arte bizantina e paleocristã, mas também medieval, presente especialmente nos mosaicos e afrescos absidais.

Cristo é retratado em atitude majestosa e severa, sentado em um trono, no ato de abençoar com os três dedos da mão direita, segundo o costume ortodoxo: o polegar toca o mindinho e o anular (ver *Mão abençoando*, n. 96). O Cristo Pantocrator é representado nos mosaicos dourados que decoram as maiores igrejas orientais, como a Basílica de Santa Sofia em Constantinopla; além do mais é um assunto típico dos ícones. Na Itália existem representações do Pantocrator nas igrejas românicas da Sicília (Capela Palatina de Palermo, Duomo di Monreale, Catedral de Cefalú, Duomo di Messina), nas igrejas de Ravenna (São Vital) e em outras, como a catedral de Pisa, o batistério de Florença, a Catedral de Cremona e a abadia de Novalesa (Turim). A imagem representa Cristo como princípio e organizador do cosmos; ele, de fato, é gerado e não criado por Deus Pai; é, portanto, a chave de compreensão da realidade e a resposta ao mistério da existência. No Pantocrator, o desejo humano de ordem encontra o seu cumprimento em Jesus, o Logos encarnado, essência, estrutura e motor do cosmo e de tudo o que ele contém. As implicações intelectuais e espirituais do Cristo cósmico chegaram até a época moderna nas reflexões teológicas de Einstein e Teilhard de Chardin.

50

LONGINO

A lança sagrada

É um santo símbolo do qual muito se tem escrito nos evangelhos canônicos e apócrifos, em todos os sinaxários orientais, nos escritos dos padres e nos martirológios. Pouco se sabe sobre a sua real existência histórica, mas muito da sua sorte lendária ligada ao mito medieval da lança sagrada. A grande narração literária do Graal e de Parsifal aponta na mesma tradição. A fama da lança de Longino encontra raiz em uma devoção popular milenária, que acreditava que o profanador do corpo sem vida de Jesus tinha sido um centurião romano, Gaio Cassio Longino, nativo da província de Isauria, localizada na atual Turquia. De acordo com a história, a lança do centurião romano – no exato instante em que a ponta afiada entrou em contato com o sangue do Salvador – instantaneamente adquiriu poderes extraordinários.

Esse *corpus* de crenças e lendas determinou a combinação de três personagens diferentes na mesma figura de Longino. No primeiro caso, é um soldado que perfurou a costela de Cristo, na cruz, com um golpe de lança: o seu nome derivaria precisamente da lança; no segundo caso, ele é identificado com o centurião que estava presente na morte de Jesus e que, movido pelo que viu, afirmou a sua divindade, única voz favorável em um coro de insultos e de zombarias; no terceiro caso, Longino seria o centurião que comandava o piquete de soldados para guardar o sepulcro, que, no entanto, de acordo com alguns textos, teriam sido os mesmos que presenciaram a crucificação.

A tradição oriental celebra Longino como o centurião que reconheceu a divindade do Cristo e vigiou o sepulcro; a ocidental o celebra tanto como o soldado da lançada quanto como o centurião que reconheceu a divindade debaixo da cruz.

Ambas as tradições dizem que Longino, mais tarde, deixou o exército, foi instruído na fé pelos apóstolos e seguiu para Cesareia da Capadócia, onde levou uma vida de santidade, antes de conhecer o martírio.

A *passio* do mártir é, contudo, diferente nas duas memórias: na latina, é um soldado isáurico, que foi preso e processado pelo decano de Cesareia da Capadócia, Otávio, que, por sua vez, se converte; na grega, é natural de Cesareia, onde, de fato, se retira para uma propriedade paterna, mas depois, incitado pelos judeus, Pôncio Pilatos o acusa de desertor e o mata por meio de dois assassinos: a cabeça do mártir foi levada a Jerusalém, mostrada a Pilatos, jogada no lixo, e, finalmente, recuperada por uma viúva que foi milagrosamente curada da cegueira.

Artistas de todos os tempos foram atraídos pela peculiaridade do personagem e, combinando-o com a cena da crucificação com lança ou sem lança, o imortalizaram nas suas obras.

Na Basílica de São Pedro, na base de um dos quatro grandes pilares que sustentam a cúpula e que cercam o espaço do altar com o baldaquino de Bernini, pode-se admirar a grande estátua de Longino, do próprio Bernini.

Símbolos numéricos

51

UM

O absoluto

O um é símbolo dos primórdios ainda indiferenciados e, ao mesmo tempo, da totalidade à qual tendem todas as coisas e todas as criaturas; pode representar tanto o Deus único e onicompreensivo como o indivíduo.

O um foi muitas vezes ligado ao homem que está em pé. Nas antigas especulações filosóficas, não era compreendido como número no sentido estrito, mas em oposição ao dois. De fato, já nos pitagóricos o dois era considerado o primeiro número real, porque representa a primeira pluralidade: somente a dualidade gera a multiplicidade. O dois é o símbolo da duplicação, da separação, da discórdia, do contraste, do conflito, mas também do equilíbrio; simboliza o movimento que dá início a todo processo evolutivo.

Muitos cultos religiosos, incluindo o cristianismo, adotam uma visão cósmica dualista identificando vários opostos: bem e mal, criador e criatura, luz e sombra, virilidade e feminilidade, espírito e matéria, sadio e enfermo, vida e morte, dia e noite, céu e terra, ativo e passivo, direita e esquerda; os dois princípios contrários, *Yin e Yang*, da filosofia chinesa – e os conceitos de bom (*Ahura Mazda*) e mau (*Ahriman*) do zoroastrismo persa –, representam interpretações do mundo caracterizadas em sentido nitidamente dualista.

Os três grandes monoteísmos – hebraísmo, cristianismo e islamismo –, e, assim, o hinduísmo, mesmo em sua variedade de devoções a profetas, santos, tríades divinas e trindade, reconhecem absolutismo ao Uno, ao Deus Único, que compreende em si todas as coisas visíveis e invisíveis.

52

TRÊS

A perfeição

Como síntese de um mais dois, foi concebido por muitos povos como símbolo do princípio onicompreensivo, como imagem simbólica da mediação, como número do céu em oposição ao quatro, número da terra.

O significado universal do três provavelmente deriva da tríade elementar: homem, mulher e criança; a realização produtiva do homem e da mulher está no filho.

O três constitui também a base de muitos sistemas de pensamento. O cristianismo prega as três virtudes cardeais: fé, esperança e caridade; enquanto enxofre, sal e prata brilhante são os três princípios fundamentais da alquimia.

Em muitas religiões, as tríades divinas foram concebidas e veneradas. No antigo Egito: Ísis, Osíris, Hórus; no hinduísmo: Brahma, Vishnu, Shiva; geralmente as tríades sagradas estão ligadas a céu, terra e ar.

O cristianismo conhece o Deus Uno e Trino, concebido como unidade de três pessoas (ver *Trindade*, n. 82).

No significado da realização de um inteiro realizado, o três aparece muitas vezes, nas fábulas, como quantidade de provas a serem superadas, de enigmas a serem solucionados, de montanhas a serem escaladas...

Na filosofia, a tríade, a tripla passagem, desempenha um papel importante: por exemplo, no princípio da mediação entre pensar e ser ou, como em Hegel, no correto desenvolvimento dialético de tese, antítese e síntese. O triângulo participa em sentido amplo do significado simbólico do número três.

53

QUATRO

A terra e a totalidade

É o número que indica o mundo, porque quatro são os ângulos da terra, quatro os ventos principais, quatro os pontos cardeais, quatro as estações e quatro os elementos: terra, ar, água e fogo. Está relacionado com os quatro rios do Paraíso, os quatro evangelistas, as quatro idades da vida: infância, juventude, maturidade e velhice.

No catolicismo, as quatro virtudes têm um papel de "dobradiça".[8] Por essa razão, são chamadas *cardeais:* prudência, justiça, fortaleza e temperança. Também chamadas de virtudes humanas principais, elas são as faculdades do homem essencialmente íntegro e constituem os pilares de uma vida dedicada ao bem. Todas as outras virtudes se organizam ao redor dessas. Enunciadas conceitualmente pelos filósofos antigos, especialmente Platão, são virtudes que dizem respeito à alma humana, ao contrário das virtudes teologais, que encontram sua fonte em Deus.

O quatro está intimamente ligado à cruz. Após a crucificação, os soldados dividem as vestimentas do Nazareno em

---

[8] N.T.: que, em latim, se diz *cardo, cardinis.*

quatro partes, significando que a mensagem de Jesus será espalhada por toda parte, aos quatro cantos da terra, porque as vestimentas representam a personalidade do proprietário e as suas ideias. Então, os soldados tiram a sorte sobre a túnica, que era costurada de cima a baixo, e não podia ser rasgada. A túnica é a vida que vem de Deus, do alto, e ela não pode ser minimamente arranhada.

No tetramorfo, o quatro é, acima de tudo, um símbolo de totalidade (ver *Compasso*, n. 15; *Evangelistas*, n. 48).

54

CINCO

O pentagrama e os pães de Cristo

É o número que, junto com seus similares com zeros – 50, 500, 5000 –, está por detrás da ação do Espírito divino. Entrou no simbolismo da Eucaristia, porque cinco foram os pães com os dois peixes que Jesus multiplicou para a multidão faminta, cinco mil o número das pessoas presentes no evento, sentadas e organizadas em grupos de cinquenta. Cinco foram as feridas de Cristo na cruz e cinco são, finalmente, os lados dos tabernáculos que guardam as hóstias consagradas. Cinquenta dias após a ascensão, o Espírito Santo desceu sobre os apóstolos e sobre Maria no Pentecostes.

Os pitagóricos consideravam o cinco como a soma de dois mais três: isto é, o símbolo do matrimônio e da sua síntese (mãe, pai, filho). Os alquimistas procuraram na quintessência – isto é, o quinto elemento adicionado aos quatro (terra, ar, água, fogo) – o espírito gerador da vida; é provável que o número cinco, frequentemente encontrado na arte ornamental das igrejas cristãs da Idade Média, esteja ligado a essas crenças.

O pentagrama – ou seja, a estrela de cinco pontas desenhada com um único traço – é um antiguíssimo signo mágico, símbolo de saúde e conhecimento. Frequentemente representado pelos gnósticos nas gemas, na Idade Média era sinal de conjuração contra os poderes demoníacos e contra as temidas bruxas noturnas, espíritos femininos da noite. A estrela de cinco pontas – linha geométrica que se entrelaça sozinha – algumas vezes foi assimilada a Cristo, em memória dos cinco estigmas do Salvador.

55

SEIS

A imperfeição

É o número do homem criado no sexto dia (Gênesis 1,27). Representa a incompletude, a imperfeição, porque incompleto e imperfeito é o ser criado em relação ao seu Criador. Enquanto ser finito, o homem está sujeito às leis do tempo e às necessidades da natureza. No entanto, dado que, no ser humano, a essência espiritual encontra expressão e força para emergir não em virtude de sua proveniência divina, mas pelo desenrolar-se da energia em *surplus* de que é constituída, essa se manifesta na liberdade que o diferencia dos outros seres animados. O espírito e a liberdade, portanto, fazem do homem e da mulher o vértice da evolução da vida no universo conhecido.

No Evangelho de João, Jesus morreu no sexto dia, porque, com a sua morte termina o ciclo do homem velho e se recria o Homem Novo, que no amor de Cristo encontra o seu mais alto nível de humanidade e de semelhança com Deus. A nova criação continua assim por meio da vida de Jesus, novo Adão: os homens e as mulheres têm agora o caminho marcado para alcançar a plenitude de vida acolhendo o amor de Deus e compartilhando-o com os seus semelhantes.

No jogo do simbolismo, o número seis, repetido três vezes, indica a Besta, ícone da maior imperfeição no seu estágio de completude; a repetição "seis, seis, seis" é, portanto, Satanás, o mal absoluto, e é um número que muitas crenças e superstições tornaram temido e familiar a partir do Apocalipse (13,18).

SETE

A completude

É o número divino, porque se refere ao descanso de Deus: Deus concluiu no sétimo dia a obra que fizera e também no sétimo dia descansou, depois de toda a obra que fizera (Gênesis 2,2). O dia de sábado era o sétimo no calendário hebreu, e era o dia que a Lei tornava sagrado e inviolável; no sétimo dia não se permitia nenhuma atividade, sob pena de descumprimento de toda a Lei.

O número sete é encontrado com grande frequência nas Sagradas Escrituras, cerca de seiscentas vezes, e cada vez indica uma ação realizada pela vontade divina. Um exemplo para todos: Jericó cairá depois que sete sacerdotes tiverem tocado sete trombetas por sete dias e os israelitas tiverem rodeado sete vezes ao redor dos seus muros (Josué 6,1-16).

Com o número três e o número um, o sete completa a tríade dos "números de Deus": 1 = *absoluto*; 3 = *perfeição*; 7 = *completude*. Essas são as três características da natureza divina.

Desde a antiguidade, o sete era considerado um número sagrado, provavelmente pelas quatro fases diferentes da lua, cada uma composta de sete dias.

O budismo conhece sete céus diferentes.

Os chineses viam as sete estrelas da Grande Ursa maior em relação aos sete orifícios corporais e aos sete orifícios do coração humano. Nos tempos antigos, sete planetas eram conhecidos (juntamente com o sol e a lua), concebidos como evidente expressão divina da ordem cósmica.

Na Grécia, o sete, entre outras coisas sagradas a Apolo, teve um papel importante; são conhecidas as sete Hespérides (em poucos casos eram três), as sete portas de Tebas, os sete filhos de Hélio, os sete filhos e as sete filhas de Niobe, os sete sábios, os Sete contra Tebas. Famosas são as "sete maravilhas do mundo", o conjunto das maiores obras arquitetônicas e artísticas mais grandiosas da antiguidade.

O sete é no hebraísmo um número excelente, ao qual se refere o candelabro de sete braços (ver *Candelabro*, n. 9). O número também aparece várias vezes no Apocalipse: as sete igrejas, o livro com os sete selos, os sete céus em que vivem as hierarquias angélicas (Apocalipse 1,20; 5,1) em oposição às sete cabeças da Besta apocalíptica e às sete taças da ira divina... (Apocalipse 13,1; 15,6). O candelabro com sete braços, símbolo do hebraísmo, tem muitas analogias e correspondências parciais com a árvore da luz dos babilônios, junto aos quais se encontram também os "sete espíritos malignos", um grupo de sete demônios que normalmente se apresentam juntos.

No cristianismo os vícios capitais são sete, em oposição às três virtudes teologais associadas às quatro cardeais.

O número catorze, no contexto do pensamento simbólico cristão, é importante como duplicação da sacralidade do sete. Na genealogia de Jesus, de acordo com Mateus (1,1-17), são elencados três vezes catorze gerações. O catorze é o símbolo da bondade e da misericórdia unidas à razão; são sempre catorze os santos auxiliares.

O sete, como número da totalidade, é protagonista de alguns contos populares: sete irmãos anões, os sete corvos, sete cabritinhos, sete pratos diferentes em dias especiais.

57

OITO

O oitavo dia

No simbolismo cristão, o oito refere-se ao oitavo dia da Criação, ou seja, à "nova criação" do homem; é, portanto, contemporaneamente símbolo da ressurreição de Cristo e da esperança na ressurreição da humanidade. Oito se torna símbolo da vida transformada em Jesus, que – homem como nós – mostrou que a morte não tem a última palavra. Portanto, não mais Adão, mas Cristo é o homem novo, o líder de bando a ser seguido por aqueles que alçaram voo rumo ao céu. Eis por que os batistérios têm forma octogonal, porque com o Batismo o homem renasce para uma nova vida e se prepara para fazer parte da comunidade que o ajudará no seguimento do Mestre, de forma a realizar em plenitude a própria vida e voar rumo à eternidade.

A ressurreição apaga o que era importante no calendário hebraico, ou seja, o dia da recordação da aliança com Iahweh, que era ratificado no oitavo dia do nascimento de um menino com o ato da circuncisão. O prodígio da ressurreição não é evento para ser considerado concluído e ocorrido apenas uma vez em Jesus, é uma experiência que todo aquele que crê deve fazer, e pode fazer, vivendo cada dia na própria carne as oito bem-aventuranças, manifesto da vida cristã (Mateus 5,3-12).

As bem-aventuranças representam a pessoa de Jesus, são a identidade do cristão – o cristão vive segundo tais ensinamentos e inspira cada escolha e cada passo ao espírito do Sermão da Montanha, narrado igualmente por Lucas (6,20-26) e em versão reduzida também nos versículos 54 e 69 do apócrifo Evangelho de Tomé.

58

DOZE

Completo

Era o número base do sistema duodecimal – já usado pelos babilônios – e o sexagesimal; portanto, era considerado um número sagrado, amuleto da sorte, e símbolo da perfeição espaço-temporal, ao qual se opunha o número treze, sempre atribuído à má sorte e aos maus presságios.

O doze ainda hoje é importante na astronomia e na divisão do tempo: como número dos meses do ano, das horas do dia e da noite, dos signos zodiacais. Na China e na Ásia Central conhecia-se também uma divisão em "eras do tempo", de acordo com períodos de doze anos cada.

Na Bíblia e no simbolismo cristão, o doze é o número da perfeição e da completude: é o número dos filhos de Jacó e das tribos de Israel, das pedras preciosas no peitoral do sumo sacerdote (Êxodo 28,17), dos apóstolos (Mateus 10,2-4), das portas e fundações da Jerusalém celestial (Apocalipse 21,12). A mulher do Apocalipse usa uma coroa com doze estrelas (12,1), e o número dos eleitos é doze vezes doze mil (Apocalipse 14,1), uma cifra que simboliza a totalidade dos santos. Os doze pães das ofertas dos hebreus eram imagem do pão da vida (Levítico 24,5), e doze eram as cestas de comida que sobraram depois de alimentar cinco mil pessoas (Marcos 6,43). O vinte e quatro, número da totalidade das horas do dia e da noite, era considerado na Bíblia índice de equilíbrio harmonioso: no Apocalipse está associado aos vinte e quatro anciãos (Apocalipse 5,8; 11,16; 19,4).

59

QUARENTA

Espera e preparação

Quarenta, na Bíblia, é o número da espera, da preparação, da penitência, do jejum e do castigo.

As águas do dilúvio jorraram sobre a terra por quarenta dias e quarenta noites (Gênesis 6–8). Moisés esperou no Monte Sinai por quarenta dias e quarenta noites, antes de receber as tábuas da Lei (Êxodo 24,17; Deuteronômio 10,10), e a peregrinação dos israelitas no deserto durou quarenta anos. Deus ordenou a Moisés que construísse um tabernáculo sobre quarenta bases de prata:

> Disporás as tábuas para a Habitação: vinte tábuas para o lado do Negueb, para o sul. Farás quarenta bases de prata debaixo das vinte tábuas: duas bases debaixo de uma tábua, para os seus dois encaixes, e duas bases debaixo de outra tábua, para os seus dois encaixes. No outro lado da Habitação, do lado do norte, haverá vinte tábuas e as suas quarenta bases de prata, duas bases debaixo de uma tábua e duas bases debaixo de outra tábua (Êxodo 26,18-21).

A cidade de Nínive fez quarenta dias de penitência para escapar do castigo de Deus (Jonas 3,4). Jesus jejuou quarenta dias no deserto, depois de receber o batismo (Mateus 4,2; Marcos 1,13; Lucas 4,2), e, após a ressurreição, apareceu aos discípulos por um período de quarenta dias, para simbolizar que, por toda a vida presente e futura, estaria em meio aos que creem na Igreja, graças ao Espírito Santo (Atos 1,3).

A Igreja cristã, em referência ao jejum de Cristo, conhece os quarenta dias da Quaresma, antes de celebrar a Páscoa.

60

CEM

Bênção e recompensa

Na filosofia ligada ao sistema decimal, o número cem é a quintessência de uma multiplicidade encerrada em um todo maior. A literatura cristã conhece o cem como imagem simbólica de felicidade celestial; significado análogo tem o número mil.

O cem é o número da bênção de Deus e indica a recompensa que cada um receberá a mais com relação ao que deu: "E todo aquele que tiver deixado casas, irmãos, irmãs, pai, mãe, filhos ou campos, por causa do meu nome, receberá cem vezes mais e terá como herança a vida eterna"[9] (Mateus 19,29).

A espiga que contém cem grãos de trigo é sinal da graça de Deus. Abraão se torna pai de Isaque com cem anos. Qualquer número multiplicado por cem significa uma condição particular de favor divino. De fato, mil é o número do tempo de Deus, aquele em que Deus realiza seus projetos; indica, portanto, um longo período histórico, fora da contabilidade humana. O número de cento e quarenta e quatro mil no

---

[9] N.T.: Para manter o sentido do contexto, foi usado aqui a tradução da CNBB, Bíblia Sagrada, 13. ed., 2012.

Apocalipse é o número dos salvos, que parecem poucos e, de acordo com as seitas catastrofistas, que tomam literalmente as Escrituras, o são realmente. Entretanto, se considerarmos que a cifra é obtida multiplicando-se o doze (número de tribos de Israel) por doze (o número dos apóstolos que completam o plano de Deus) e, finalmente, por mil (o tempo em que Deus realiza o projeto de salvação), eis que tal cifra, à primeira vista insignificante, encerra, no entanto, o destino da humanidade:

> Tive depois esta visão: eis que o cordeiro estava de pé sobre o monte Sião com os cento e quarenta e quatro mil que traziam escrito na fronte o nome dele e o nome de seu Pai. E ouvi uma voz que vinha do céu, semelhante a um fragor de águas e ao ribombo de um forte trovão; a voz que eu ouvi era como o som de citaristas tocando suas cítaras. Cantavam um cântico novo diante do trono, dos quatro Seres vivos e dos Anciãos. Ninguém podia aprender o cântico, exceto os cento e quarenta e quatro mil que foram resgatados da terra (Apocalipse 14,1-3).

Deve-se notar que os números nove e noventa e nove – muito comum na Bíblia – indicam, em vez disso, falta e incompletude. O número nove está associado ao desejo proibido que a Lei mosaica condena no nono mandamento: não desejar a mulher do outro (Deuteronômio 5,21).

No Evangelho, a hora nona é o momento em que o Filho sente o abandono e a falta de bênção do Pai (Mateus 27,46).

Abraão recebera a promessa de Deus de ser patriarca de um povo e, aos noventa e nove anos, ainda não tinha filhos. O máximo da incompletude para um hebreu, a ausência de um filho, tornava o homem desprovido do que era considerada uma bênção divina. Como pode um homem, que não é pai, se tornar um patriarca de um povo? Deus mantém a promessa e Abraão gera com Sara o filho Isaque. Agora, Abraão deixa de ter noventa e nove anos e passa a ter cem, expressão da bênção e da graça de Deus.

Símbolos arquitetônicos

61

PORTA

A passagem

O significado simbólico de uma obra arquitetônica, ou de uma de suas partes, foi quase sempre atribuído posteriormente, muitas vezes após o uso litúrgico ou por meio da interpretação teológica. Já na arquitetura do antigo Oriente, o templo escalonado desempenhava um papel significativo, como representação das esferas planetárias, ou do edifício funerário de planta central, como cobertura materna da terra. A busca pelo simbolismo também influenciou grandemente a arquitetura cristã medieval: a igreja bizantina de planta central retomava, em vez disso, a imagem do cosmos; a planta da basílica reproduzia o simbolismo catacumbal do barco (ver *Barco*, n. 36).

A porta, o portão e o portal – analogamente à ponte – eram na antiguidade figurações da passagem deste mundo para a vida após a morte, da esfera profana para a sagrada, da escuridão para a luz. É frequente a versão de uma porta do céu ou de um portal do sol que marcam a entrada nos reinos ultraterrenos e divinos.

A porta trancada geralmente se refere a um segredo escondido, mas também à proibição; a porta aberta é um convite para passar ou também um mistério revelado.

As imagens de Cristo nas portas medievais – por exemplo, no tímpano – referem-se à frase de Cristo "eu sou a porta" (João 10,9). A Virgem Maria é frequentemente invocada com o epíteto "porta do céu", entrada humana e divina através da qual o Filho de Deus adentrou no mundo.

62

TORRE

Para além do cotidiano

Na Idade Média, a torre era símbolo de conquista, de proteção, de vigilância, mas também de superação do plano cotidiano. Quem está em uma torre, com efeito, vê o mundo do alto e o horizonte de uma perspectiva diferente, mais clara e de longo alcance.

Paradoxalmente, a torre foi considerada, ao mesmo tempo, símbolo fálico, por sua forma, e de virgindade, enquanto espaço fechado sem janelas. Maria, nas ladainhas, é invocada com o apelativo de "torre de marfim" e "torre de Davi", ou seja, recipiente puro, que contém em si o Messias descendente da estirpe de Israel.

Como espaço fortificado, isolado, a torre também representou o pensamento filosófico e a solidão necessária para a meditação; no início da era cristã, é a efígie de toda a "cidade santa" (ver *Jerusalém*, n. 67). A torre de Babel (ver *Babel*, n. 26) é, ao contrário, o símbolo da arrogância, do orgulho e da hegemonia de um império que tentava reunir todos os fios da dominação e do autoritarismo. Ter apenas uma língua em todo o território sempre foi um ideal imperial. É por isso que a intervenção do Deus de justiça teve que se manifestar

precisamente contra esse projeto; a ideologia da uniformidade imposta foi quebrada e a divinização do poder paralisada
para sempre. A confusão das línguas foi interpretada como
um castigo divino ao orgulho humano, apesar do texto bíblico não dizer em nenhuma parte que foi uma punição. Pelo
contrário, essa confusão foi talvez uma bênção de Deus, da
qual brotaram liberdade e multiculturalidade.

63

COLUNA

O eixo do mundo

A coluna é uma das muitas figuras simbólicas da conjunção entre céu e terra. Como suporte de um templo ou de um edifício, recebe em seu significado simbólico uma ideia de solidez; como *pars pro toto*, também pode ser símbolo da "capacidade de carga" de uma comunidade ou de uma instituição. Em sua figura completa, com base e capitel, está ligada aos significados completos da árvore da vida: base como raízes, haste como tronco, capitel como folhagem (ver *Árvore da vida*, n. 2); pensemos nas colunas egípcias, coríntias, românicas e góticas.

A coluna, às vezes, é concebida como visualização da figura humana: atlantes e cariátides são sua expressão mais explícita; observe-se o termo capitel – de *capitellum* –, que significa "cabecinha".

A Bíblia fala de colunas sobre as quais o mundo repousa e as quais Deus derrubará no dia do julgamento. No Primeiro Livro dos Reis (7,21) diz-se que, na entrada do vestíbulo do templo de Salomão, havia dois pilares de bronze chamados *Jachin* (Deus faz ficar firme) e *Boaz* (nele está a força).

A coluna de fogo e nuvens – com a qual Deus conduziu o povo de Israel através do deserto (Êxodo 13,21) – aparece repetidamente na literatura religiosa como símbolo místico.

Após a queda de Jerusalém em 70 d.C., quando o judaísmo rabínico se reorganizou, entre as coleções de pensamento que serviram de estímulo para o movimento reformador estava o famoso tratado dos *Pirqè Avot* [Ditos dos padres], que reúne uma centena de apoftegmas atribuídos aos rabinos que remontam a Esdras. Uma dessas sentenças é atribuída a Simeão, o Justo, sumo sacerdote em Jerusalém (séculos II ou III a.C.). O dito soa assim: "O mundo repousa sobre três colunas: o estudo da Torá, a oração e as obras de misericórdia" (*Pirqè Avot* 1,2). É um dito que irá guiar e inspirar a tradição hebraica através dos séculos. Além das colunas com função arquitetônica, e independente delas, em muitas civilizações há também colunas ou pilares individuais e isolados, por exemplo, o Irminsul Saxão, provavelmente uma imagem simbólica da coluna cósmica que sustenta o céu: o eixo do mundo.

O conceito de "eixo do mundo" é encontrado entre muitos povos. É uma linha que liga o céu ao submundo: símbolo de todos os planos e as áreas do cosmos conhecidos pelo homem, vistos em relação mútua e organizados em torno de um centro. O eixo do mundo foi concebido de várias formas: coluna, pilar, menir, coluna de fumaça ascendente, árvore, alta montanha.

A literatura cristã compara também ocasionalmente a cruz de Cristo ao eixo do mundo.

Às vezes, a coluna também pode ter um significado fálico, especialmente no contexto dos cultos da fertilidade.

Por fim, existem numerosas colunas triunfais antigas, simbolizando a vitória: a Coluna de Trajano, em Roma, é emblemática, decorada com bandas de relevos representando a conquista da Dácia. As imitações dessas colunas ocuparam um importante papel nos templos maçônicos muitos séculos depois.

64

PEDRA

Fundamento e solidez

Na maioria das civilizações pré-históricas e antigas, a pedra é um símbolo de vários significados. Era bastante popular a adoração de meteoritos como "pedras caídas do céu".

Por causa de sua dureza e aparente inalterabilidade, a pedra era associada às forças eternas e imutáveis, frequentemente entendidas como expressão de energia cósmica concentrada. Apesar de sua dureza, não era vista como algo rígido e morto, mas sim revigorante; no mito grego, por exemplo, depois do dilúvio, se diz que os homens nasceram das rochas espalhadas na terra por Deucalião. Algumas pedras eram consideradas distribuidoras de fertilidade e de chuva: eram usadas para tocar mulheres estéreis e, na primavera, ou com a seca, oferecidas a ídolos para obter água e uma colheita abundante.

Na Grécia arcaica, antes da representação antropomórfica dos deuses, uma pedra bruta era vista como símbolo de Hermes. Sísifo, o homem que ousara desafiar os deuses, teria que empurrar uma rocha da base para o topo de uma montanha pela eternidade, depois da punição de Zeus. Uma vez alcançado o topo, o pedregulho rolava de volta para a base da montanha e Sísifo teria que começar de novo. O mito grego fala do esforço vão dos homens e, em geral, dos desejos da vida nunca satisfeitos definitivamente.

Uma pedra negra de forma cônica era o símbolo da *Magna Mater* dos romanos: a deusa Cibele.

A pedra angular da vida de culto islâmico é um meteorito negro reverenciado na Ka'ba na Meca.

Durante muitos séculos, grandes pedras foram posicionadas verticalmente para proteger os corpos das forças ocultas: pensemos nos menires; foi concebido como o lugar onde a alma do falecido continuava a viver.

A Bíblia conhece a rocha como imagem da força de Deus (Salmo 17,3). A pedra do deserto da qual corre água (Números 20,8) é vista como uma prefiguração de Cristo, dispensador da água da vida.

Jesus chama Simão com o novo nome: Pedro (do grego *petros* = rocha), para indicar a estabilidade da fundação da Igreja (Mateus 16,18).

A expressão "pedra angular", tipicamente hebraica, indica a pedra cortada para a arte, para a fundação de um edifício, que une e torna estável duas paredes em seu ponto de encontro, mas também a pedra que fica no topo para completar o edifício e, ao mesmo tempo, criar unidade e elã. No primeiro significado predominante, a imagem se aplica a um líder que une um povo e, em particular, ao Messias (Isaías 28,16); nesse sentido, o Novo Testamento refere o texto de Isaías a Jesus (Mateus 21,42; Atos 4,11), fundamento da nova comunidade de crentes. No segundo sentido, usado por São Paulo em Efésios (2,20), Cristo pedra angular é o cume do edifício construído sobre os fundamentos dos apóstolos e dos profetas.

O *lapis philosophorum* [pedra filosofal] era, na alquimia, uma substância que se dizia ser produzida a partir da matéria-prima, como resultado de processos trabalhosos, e que transformaria metais ruins em metais nobres.

65

ESCADA

Para Deus

Em seu significado simbólico, a escada é essencialmente uma espécie de sucessão progressiva que traça a evolução intelectual e espiritual do indivíduo: um crescimento em sabedoria e comunhão com o Absoluto. Por via de regra, concebia-se como ascendente, portanto, na direção do céu; aparece, por vezes, também como meio descendente que leva ao submundo, ao subterrâneo, aos reinos sombrios dos infernos ou também como instrumento de acesso ao conhecimento oculto e ao subconsciente.

Uma escada branca pode simbolicamente aludir à clareza e à sabedoria, uma escada negra à magia negra.

A religião solar dos egípcios concebeu a pirâmide escalonada como possibilidade da alma de alcançar o céu; também foram encontradas representações de barcos, em cujo centro estava construída uma escada, graças à qual os defuntos podiam subir para a luz. Também o zigurate babilônico deve ser considerado no sentido análogo (ver *Babel*, n. 26).

A escada de mão – nas diferentes variantes – é símbolo da comunicação entre céu e terra; assimilada algumas vezes ao simbolismo do arco-íris (ver *Arco-íris*, n. 12), convida a fazer uma elevação progressiva em direção a Deus. O número dos degraus corresponde frequentemente a um número sagrado, geralmente o sete (ver *Sete*, n. 56); cada degrau, por vezes, tem cores diferentes (por exemplo, no budismo) ou são de metais diferentes (por exemplo, nos mistérios de Mitra); correspondem aos diferentes graus de um caminho espiritual iniciático.

A escada celestial do sonho de Jacó, na qual os anjos sobem e descem, é símbolo da relação viva e vivificante entre Deus e o homem (Gênesis 28,12).

O Alcorão descreve um episódio semelhante: a Maomé, durante a ascensão noturna propiciada pelo arcanjo Gabriel, aparece uma escada que serve aos espíritos dos homens para que subam ao céu e à qual os moribundos dirigem o olhar.

Na representação do templo maçônico há uma escadaria dupla no centro, portátil, a Escada Misteriosa, composta de sete degraus de cada lado. Os degraus ascendentes levam os nomes das artes liberais gravadas: gramática, retórica, lógica, aritmética, geometria, música, astronomia; na vertente descendente, os degraus são prudência, compromisso, trabalho, fé, doçura, pureza e justiça.

Em Bizâncio, referia-se a Maria como uma "escada celestial", na qual o Altíssimo descia para habitar entre os homens e através da qual os homens podiam ascender a Deus. Segundo os parâmetros da referência bíblica – de Gênesis a São Paulo –, Maria, invocada como nova Eva, é *causa generalis reconciliationis* e é ela que, genitora de Cristo, desce aos abismos e sobe acima dos anjos.

Na arte cristã, encontramos frequentemente a "escada das virtudes", na qual os homens justos, ameaçados de todos os lados por demônios, chegam ao alto, subindo degrau por degrau.

Como lugares de evolução espiritual ideal, também os mosteiros foram algumas vezes comparados a uma escada de mão: os mosteiros cistercienses e as cartuxas se definiram como *scala Dei*.

66

VITRAL

A magia da luz

Os esplêndidos vitrais das igrejas góticas são uma espécie de reflexo da riqueza cromática da Jerusalém celeste (ver *Jerusalém celestial*, n. 67). A magia da luz capturada pelos vitrais coloridos é uma parábola que conta a receptividade e a maravilha do fiel diante do universo.

Os vitrais já existiam na época romana, e a sua construção evoluiu ao longo dos séculos, graças às técnicas de processamento do vidro.

Com a descoberta da moldagem por sopro, por volta de 25 d.C., e o consequente colapso do preço do vidro, no Império romano, espalhou-se o costume de decorar os banhos, os edifícios públicos e as vilas mais prestigiosas com vidros coloridos montados em quadros de madeira ou de metal. Desses primeiros vitrais, aos quais Plínio, o Jovem, se refere em suas cartas, nada resta.

Sob Otaviano Augusto, a produção do vidro tornou-se uma verdadeira indústria. Os primeiros visitantes da cidade destruída de Pompeia puderam observar vidros ainda colocados nos quadros das janelas de edifícios públicos e casas particulares.

Os mais antigos vitrais intactos do mundo podem ser encontrados na catedral de Augsburg, na Alemanha (por volta de 1130). Trata-se de cinco figuras do Antigo Testamento (Moisés, Davi, Daniel, Oseias e Jonas), as únicas deixadas em uma série maior. São trabalhos que testemunham uma perfeita maturidade técnica e o conhecimento da pintura em vidro.

Embora generalizada na época românica, essa técnica de construção e decoração atingiu o seu apogeu com a arquitetura gótica. Famosos em todo o mundo são os vitrais da catedral de Chartres e Notre Dame, em Paris, onde o vitral gótico encontrou a sua mais alta expressão.

Desde sempre os vitrais das igrejas apresentam muitos mistérios: o vidro utilizado é particular, e uma vez se pensava que a realização tinha a ver com a alquimia.

A técnica de trabalho do cristal já era conhecida no século IX, na Pérsia, e na Aquileia se conhecia uma pasta de vidro extremamente refinada, nascida no Egito. Essas antigas artes de trabalho passaram, então, para Veneza. Em Murano, no século XVII, a arte do vidro era considerada um segredo de Estado e as fórmulas não podiam ser divulgadas.

Diz-se que dois mestres vidraceiros que chegaram de Murano a Paris foram envenenados com um café, porque alguns agentes secretos da Sereníssima suspeitavam, e talvez com razão, que os dois queriam divulgar os princípios de sua arte.

São Bernardo quis, para as catedrais, uma profusão de cores e imagens. O local de culto destinado ao povo tinha que ser rico de histórias edificantes. Os vitrais com histórias tinham a função de contar, para as pessoas simples e analfabetas, sobre os textos sagrados. A luz, além disso, era considerada um atributo de Deus e, ao contrário de qualquer outra substância, capaz, como Deus, de atravessar os corpos. A catedral tinha que ser luminosa e deslumbrante como o Paraíso e, dependendo da hora do dia e da posição do sol, tinha que ajudar o fiel a entrar em oração, favorecendo o silêncio e o recolhimento.

67

ALTAR

A mesa

Significa lugar alto (*altus*) dentro de um local de culto; em quase todas as religiões, serve para o sacrifício e outras funções sagradas. A elevação representa a elevação da oferta aos deuses ou a Deus; ocasionalmente, o altar foi concebido também como centro espiritual do mundo.

No cristianismo simboliza a mesa da última ceia, a mesa sagrada do banquete com Cristo. De fato, no centro da liturgia cristã há uma mesa. E os primeiros cristãos se gabavam de não terem nem altar nem sacrifícios, mas uma mesa onde partir o pão eucarístico, ao qual todos são convidados (ver *Pão*, n. 93).

Só no cristianismo subsequente, o altar foi associado ao próprio corpo de Cristo, e a toalha branca que cobre a mesa representa o sudário.

A partir do século IV, o altar também foi concebido como lugar de refúgio e de asilo; até criminosos não podiam ser presos dentro da igreja, especialmente próximo ao altar.

Cruzando o limiar de uma igreja românica, gótica ou barroca, fica-se como que invadido por aquela "sóbria embriaguez" da qual nos falam os místicos cistercienses. O tempo age como um encantamento, sente-se pulsar uma alma harmoniosa, cujo ritmo, indo ao encontro do visitante, prolonga, transcende e sublima seu ritmo de vida e o próprio ritmo do mundo. A "magia" é gerada por um centro, para onde convergem os olhares de todos os convidados do banquete e dos quais se irradiam linhas que geram uma dupla corrente: uma espécie de "respiração" sutil, que se dilata para fora, preenchendo o espaço, e que depois se reúne em sua origem, em seu coração, que é interioridade pura.

Esse centro de onde tudo se liberta e para o qual tudo converge é o altar-mesa. O altar é o objeto mais sagrado do templo, a razão da sua existência e da sua própria essência, porque, em caso de necessidade, também se pode celebrar a liturgia fora da igreja, mas é absolutamente impossível fazê-lo sem uma mesa-altar.

"Introibo ad altare Dei" [subirei ao altar de Deus]: o verso do salmista que abre a celebração eucarística nos coloca, desde o início do rito, diante desse prestigioso objeto arquitetônico de culto. O altar é a pedra do sacrifício, aquele sacrifício que constitui – para a humanidade caída – o meio privilegiado de contato com Deus. É o lugar desse contato: através do altar Deus vem em nossa direção e nós vamos a ele. É o objeto mais santo do templo, por isso é reverenciado, beijado e incensado. É um centro de recolhimento, o centro da assembleia cristã; e a esse agrupamento externo corresponde uma lembrança interior da alma, cujo instrumento é símbolo arquetípico – como a árvore, a água e o fogo – que atinge e toca no homem algo de primordial.

O altar cristão é o sucessor dos altares hebraicos, e a sua sublimidade deriva da conformação com o seu arquétipo, o altar da Jerusalém sobre o qual descansa "desde a fundação do mundo no livro da vida do Cordeiro imolado" (Apocalipse 13,8).

68

CÚPULA

A abóbada do céu

Na arquitetura, a cúpula é concebida como imagem da abóbada celestial, à qual faz referência a decoração com estrelas, pássaros, anjos, carros de sol. A cúpula é a esfera do universo atravessada pelo eixo do mundo (ver *Coluna*, n. 63), miniatura perfeita da sua ordem e da sua beleza. Diz-nos que Deus se inclinou sobre a terra, se abaixou até fazer-se homem; nos diz que, graças a esse abaixamento, o homem recebeu de Deus a possibilidade de elevar-se humanamente até a divinização. A cúpula nos fala de Jesus Cristo que reconciliou o céu com a terra, o divino com o humano; a cúpula fala daquela nova criação que é a Páscoa.

A abóbada é sustentada por quatro pilares, ou também por anjos ou pelos símbolos dos evangelistas que, com a sua pregação, anunciaram a "boa-nova" da salvação. Por exemplo, pensemos na cúpula da Basílica de São Pedro, no Vaticano, cercada por quatro toldos que abrigam os evangelistas.

O simbolismo cósmico é referido pelas abóbadas pontilhadas de estrelas douradas sobre um fundo azul; no mausoléu de Gala Placidia, em Ravena, se abre no centro um círculo-firmamento que contém símbolos cristológicos. Algumas igrejas cristãs têm uma cúpula construída sobre uma estrutura quadrada que simboliza a terra. Segundo a cosmologia geocêntrica antiga, o quadrado é a terra, uma vez que o sol fixa os eixos a partir dos pontos extremos do seu curso, dividindo-a em quatro partes, cada uma das quais indicando um dos pontos cardeais (ver *Quatro*, n. 53).

69

LABIRINTO

O caminho para o Absoluto

Segundo Platão, o primeiro labirinto da história humana seria o de Atlântida, composto de círculos concêntricos alternados de terra e de mar, com a parte de terra unida por pontes. Na Itália, o mais conhecido é aquele atribuído a Porsenna, que se encontraria no subterrâneo da cidade de Chiusi.

Desde sempre o labirinto simboliza uma jornada interior através da qual o espírito pode evoluir e elevar-se para um nível mais alto. O centro do labirinto representaria o Absoluto. O caminho tortuoso para chegar lá, portanto, assume uma função de proteção do sagrado por parte dos profanos, sendo reservado acesso apenas para aqueles que desejam a Deus de todo o coração.

O labirinto também foi usado como sistema de defesa nos portões das cidades fortificadas; era traçado nas plantas das antigas cidades gregas. Queria simbolizar a defesa da cidade e da casa e estava dirigido tanto aos adversários humanos quanto às influências maléficas.

Os labirintos reproduzidos no chão de muitas igrejas antigas são a imagem símbolo da vida humana com todas as suas provações, dificuldades e reviravoltas; o centro simboliza geralmente a expectativa da salvação na forma da Jerusalém celestial (ver *Jerusalém*, n. 70). Na Idade Média, as representações mais famosas do labirinto podem ser encontradas no chão das catedrais góticas, incluindo a de Chartres.

A sua forma é circular e o diâmetro é de 12,87 metros. Para ir da entrada ao ponto de chegada indicado, você precisa percorrer 261,5 metros.

Esse labirinto ensina muitas coisas. Há uma entrada e o objetivo é chegar à flor que está bem no centro. Depois é preciso retornar, para que aquilo que se aprendeu possa ser útil a todos.

Assim que iniciado, o caminho leva bem rápido para muito próximo da meta. Quando parece já se ter chegado, bastando dar um pulo para estar no centro do labirinto, esse pulo não é permitido. É necessário seguir o caminho, que, aos poucos, se distancia sempre mais do fulcro. O que parecia fácil começa a mostrar as suas dificuldades. O que parecia conquistado está perdido.

O caminho, percorrido com obstinação, leva novamente a tocar o objetivo. O caminho iniciático parece quase terminado. Já se percorreu um longo caminho, no entanto, mais uma vez não se consegue chegar ao centro.

A presunção é punida. O caminho leva de novo para longe, para os limites do cosmos, e nos força a viajar para longe. É preciso experimentar caminhos tortuosos, frios e difíceis, mas o desejo de alcançar a flor não se apaga. Porém, agora nos sentimos cansados. O caminho foi longo, mas, de repente, a estrada dos confins do universo leva ao centro. Há ainda apenas uma pequena reviravolta, como um solavanco em um galho seco antes da flor. É uma iluminação. Assemelha-se à intuição da partida, mas, finalmente, leva-nos ao centro.

Alguns pararam nos primeiros passos e olham para a flor, acreditando já terem chegado. Caso se queira chegar, é necessário percorrer toda a estrada, não existem atalhos.

70

JERUSALÉM

A cidade de Deus

No Apocalipse de João, Jerusalém é a cidade dos doze portões, símbolo do fim dos tempos, quando Deus viverá no meio do seu povo.

A cidade é construída sobre doze fundamentos preciosos – jaspe, safira, calcedônia, esmeralda, sardônica, cornalina, crisólito, berilo, topázio, crisoprásio, jacinto, ametista – que levam esculpidos os nomes dos doze apóstolos (Apocalipse 21).

A cidade, como lugar de residência fortificada, é ao mesmo tempo símbolo de ordem humana e divina.

Como ela protege e acolhe os cidadãos, foi, muitas vezes, personificada por uma divindade feminina, uma espécie de deusa materna, às vezes com uma coroa de muros sobre a cabeça. No final da Idade Média, a cidade como círculo cercado poderia ser símbolo da Virgem Maria.

Na arte cristã da Idade Média, encontramos o contraste entre Jerusalém e Belém: a primeira, ícone do hebraísmo; a segunda, ícone da comunidade cristã das origens.

Em contraste com a cidade santa, na Bíblia, o *hortus conclusus* (ver *O jardim*, n. 10), o Jardim do Éden, simboliza a felicidade original, o estado primitivo do homem inocente, livre do pecado (Gênesis 2,8).

Desde o final da Idade Média, a teologia frequentemente associava o conceito de Igreja terrena com a prefiguração da Jerusalém celestial.

Símbolos místicos

71

NUDEZ

Diante da verdade

Da antiguidade até hoje, a nudez humana tem sido interpretada ambiguamente tanto no campo artístico como no religioso.

Concebida negativamente pela tradição bíblica – ao contrário da grega –, a nudez tornou-se uma imagem da sedução, da luxúria, da atração sexual. A cultura helênica exaltou a nudez do corpo masculino e feminino na arte escultórica como símbolo de divindade, verdade, sabedoria e beleza. No sentido abstrato, tornou-se uma referência à sinceridade e à honestidade: o termo "verdade nua e crua" ainda é comum na linguagem moderna.

Adão e Eva no Paraíso estão nus diante do pecado original porque são inocentes (Gênesis 2,25); depois do pecado, eles sentem vergonha. No misticismo cristão, como renúncia ao hábito, que, por sua vez, pode ser uma imagem representativa do cativeiro terreno, a nudez é símbolo da ascese necessária para alcançar a união mística de corpo, mente e alma com o Absoluto; em memória do fato de que todos nascem nus, é também um símbolo da submissão incondicional à vontade de Deus. O acesso a segredos espirituais superiores é expressado nas ordens religiosas e monásticas por um rito de despir-se e vestir-se. A nudez de Cristo na cruz foi, por vezes, interpretada segundo esse ponto de vista: a verdade que se revela ao mundo é inocente, nua e indefesa. O véu do templo está rasgado no momento da morte de Jesus (Lucas 23,45).

Enquanto o véu é símbolo de ocultação, de sigilo, tirá-lo significa, em contraste, revelação.

72

BEIJO MÍSTICO

A união com Deus

No princípio, o beijo era provavelmente compreendido como sopro da alma que vive da respiração de Deus (ver *Sopro*, n. 80); portanto, imaginado também como revigorante e estimulante.

Quase sempre foi expressão de devoção interior e de veneração. Além do real significado erótico – que no rito nupcial pode assumir também caráter simbólico –, o beijo possui além do mais uma importância sagrada. No Egito, por exemplo, os pés do deus faraó eram beijados, uma forma de deferência generalizada para com soberanos, sacerdotes e juízes.

Na antiguidade clássica, beijava-se o limiar do templo, o altar e a efígie dos deuses.

No islã, ainda hoje, como destino e ponto culminante da peregrinação, costuma-se beijar a pedra negra da Ka'ba.

Na Igreja cristã primitiva, o beijo da paz e de fraternidade era símbolo de comunhão: basta pensar, por exemplo, no beijo de Páscoa da Igreja oriental; o beijo de fraternidade, símbolo da pertença a uma comunidade, encontra expressão também em contextos profanos: nas repúblicas soviéticas, nos clãs da máfia, nos grupos maçônicos.

O beijo do altar, da cruz, da Bíblia, das relíquias dos santos, é entendido no cristianismo como sinal de conjunção mística. Na Idade Média, além disso, o beijo era sinal de perdão e de reconciliação.

Na Bíblia, o beijo enfatiza o amor dos cônjuges (Cântico dos Cânticos 1,1), a dedicação e a fidelidade dos amigos (1 Samuel 20,41), o afeto entre pais e filhos (Gênesis 27,26) e a intenção da reconciliação entre rivais (2 Samuel 20,9). O beijo da pecadora a Jesus, manifestação de arrependimento e afeição (Lucas 7,38), encontra o seu oposto no comportamento de Judas.

O casamento místico e o beijo místico são imagens humanas para expressar o mais alto grau de união com Deus.

Na Bíblia, a comparação matrimonial indica a aliança entre Deus e o seu povo. No livro do profeta Oseias, o Senhor se dirige assim a Israel: de casamento indica o pacto entre Deus e seu povo. Nesse livro, o Senhor é, portanto, destinado a Israel: "Eu te desposarei a mim para sempre, eu te desposarei a mim na justiça e no direito, no amor e na ternura. Eu te desposarei a mim na fidelidade e conhecerás a Iahweh" (2,21-22). Também no Novo Testamento a imagem das núpcias aparece frequentemente para indicar a nova relação da humanidade com o Senhor. Pensemos nas parábolas do banquete nupcial (Mateus 22,2-14) ou das dez virgens (Mateus 9,15).

Os padres da Igreja e os grandes místicos cristãos frequentemente usam essa comparação. Teresa d'Avila, naquela grandiosa obra que é *O castelo interior*, fala do matrimônio espiritual que constitui a sétima morada da alma, onde habita o soberano Deus. Isto é o que a santa escreve: "Parece que Deus quer mostrar à alma a glória do céu, mas de um modo mais elevado do que com qualquer outra visão ou gosto espiritual. Só isso pode ser dito: que a alma, ou melhor, o seu espírito, se torna uma coisa só com Deus".[10]

---

[10] N.T.: Tradução nossa.

73

FOGO

Queimar de amor

O fogo é considerado por muitos povos como sagrado, purificador, regenerador; a sua força de destruição é vista como instrumento de renascimento em um nível superior. Às vezes, veneram-se expressamente divindades do fogo, como Agni na Índia ou Estia na Grécia; na China se conhecia mais de uma divindade do fogo.

Na Bíblia há várias imagens nas quais Deus ou o divino se manifestam através do fogo: o Apocalipse nomeia os círculos de fogo (ver *Sol*, n. 19); no Antigo Testamento, Deus aparece, por exemplo, como coluna de fogo (ver *Coluna*, n. 63) ou em uma sarça ardente. O fogo está principalmente ligado ao sol, à luz, ao relâmpago, à cor vermelha, ao sangue, ao coração.

Em oposição à água, que muitas vezes se acredita ser originária da terra, o fogo é considerado vindo do céu (ver *Céu*, n. 13).

Os mitos de muitos povos falam do roubo do fogo, geralmente interpretado como sacrilégio. A filosofia grega da natureza viu no fogo a origem de todo o universo. Ao mesmo tempo, o fogo estava intimamente ligado ao conjunto semântico da destruição, da guerra, do mal, do demoníaco, do inferno ou da cólera divina.

O incêndio de Sodoma e Gomorra foi interpretado na Idade Média como imagem premonitória do fogo do Inferno. Em muitas civilizações, a obtenção do fogo estava ligada à sexualidade, por causa da fricção. Por associação, o nascimento do fogo é muitas vezes relacionado a um ato sexual entre entidades ou animais míticos.

O efeito apotropaico do fogo é considerado importante entre muitos povos, o fogo do lar dos germânicos, por exemplo, que mantinha os maus espíritos longe, nunca poderia ser extinto.

A chama, simbolicamente assimilada ao fogo, que geralmente aparece como forma metaforicamente comprimida, aparece, por exemplo, na iconografia do milagre das línguas de fogo de Pentecostes (Atos 2,3). A "fogosidade" do discurso ou do olhar, tanto no sentido de força extraordinária quanto de violência devastadora, é, às vezes, representada por chamas que surgem no lugar da língua ou que saem dos olhos. Também vícios como cobiça, inveja ou luxúria, especialmente na literatura, são simbolizados pelas chamas. A imagem da chama também pode expressar o amor ardente (Cântico dos Cânticos 8,6), enquanto a chama do lar é indicação de prosperidade (Jó 18,5).

A chama de uma vela consumida é símbolo da relação entre espírito e matéria.

Já os romanos usavam velas durante o culto. No cristianismo, especialmente no âmbito da liturgia católica, as velas desempenham um papel importante como símbolo da fé. Deus apareceu a Moisés em um arbusto que queimava sem ser consumido (Êxodo 3,2): a força daquele fogo espiritual é ainda recordada hoje no começo da solene vigília pascal católica; na arte e na literatura medieval, era símbolo de Maria, que queimou de amor por Deus, embora permanecendo intacta.

74

MONTANHA

Rumo a Deus

Pela sua altura, que frequentemente se eleva até as nuvens, era símbolo da união entre céu e terra e também, da mesma forma que a escada da elevação espiritual, da alta realização alcançável por meio do ascetismo e da penitência (ver *Escada*, n. 65).

Em todo o mundo existem montanhas sagradas, muitas vezes consideradas moradas dos deuses. Sobre as montanhas ocorrem eventos espiritualmente significativos; por exemplo, os imperadores chineses faziam sacrifícios no topo das montanhas, Moisés recebeu as tábuas da Lei no Monte Sinai, Jesus se transfigurou no Tabor na frente de Pedro, Tiago e João. Por causa de seu enorme tamanho, a montanha pode ser símbolo de impassibilidade; nos sumérios, era imagem simbólica da matéria primigênia indiferenciada.

Bastante comum é também a interpretação de uma montanha como centro ou eixo do mundo (ver *Coluna*, n. 63). As tradições de muitos povos colocavam o reino dos mortos – ou também o lugar de descanso das almas de ilustres personalidades mortas – nas vísceras de uma montanha. A tumba como túmulo é, de fato, uma clara alusão à montanha sagrada.

A torre babilônica com degraus referia-se quase certamente ao conceito de montanha cósmica (ver *Torre*, n. 62).

Ao contrário da montanha, o vale é símbolo de profundidade: com acepção negativa, ele representa uma situação de perda espiritual e intelectual; positivamente, no entanto, significa o aprofundamento da experiência vivida e da sabedoria.

É também símbolo do feminino por associação com o útero materno, enquanto a montanha é símbolo do masculino.

Em muitos povos, um vale fértil e verdejante era – em oposição à montanha acidentada e pobre de frutas – prova tangível de riqueza e conforto.

Já em tempos pré-históricos, as cavernas eram usadas para realizar rituais mágicos. O significado simbólico da caverna está ligado tanto ao âmbito da morte (espaço escuro) quanto ao do nascimento (seio materno); as cavernas das montanhas eram, portanto, veneradas como lugares de estada ou nascimento de deuses, heróis, espíritos, demônios, mortos...; muitas vezes eram consideradas como acesso ao reino dos mortos.

Os sumérios imaginavam o reino dos mortos localizado na caverna da montanha cósmica.

Os egípcios acreditavam, entre outras coisas, que a água corroborante do Nilo fluísse de uma caverna. Nos ritos de iniciação dos mistérios de Elêusis, por exemplo, ou mesmo nos ritos oraculares do deus da fertilidade Trofônio, as cavernas desempenhavam um papel de lugar onde realizar uma espécie de *regressus ad uterum*.

O mito platônico da caverna é uma alegoria do conhecimento humano, através do mundo das imagens sensíveis e da aparência; a tarefa do homem é sair dessa caverna para alcançar a visão do mundo das ideias.

Na arte das Igrejas orientais, o nascimento de Cristo é quase sempre representado em uma caverna, que na Palestina era utilizada muitas vezes como estábulo; a imagem dessa fenda da terra simboliza a fecundação da Mãe pelo Altíssimo.

75

CORAÇÃO

O lugar da conversão

Como órgão físico de vital importância para o homem, o coração está ligado ao simbolismo do centro. Na Índia, é considerado o lugar de contato com Brahma, a personificação do Absoluto. Na Grécia antiga, representava o pensamento, o sentimento emocional e a vontade do homem, depois o significado se expandiu na direção do espiritual. Na antiga religião egípcia desempenhou um papel vital como centro da força vital, volitiva e intelectual: o coração era deixado nas múmias junto com um besouro, porque no julgamento dos mortos o coração tinha que ser pesado e isso determinava o destino no homem na vida após a morte.

No hebraísmo e no cristianismo, o coração é considerado sede das forças sentimentais (Jeremias 24,7), especialmente do amor (Deuteronômio 6,5), mas também da intuição, da sabedoria (1 Reis, 3,12), da memória (Deuteronômio 4,9; 8,5) e da vontade (Êxodo 35,21.26). O "coração de pedra" que se torna "coração de carne" representa a verdadeira conversão (Ezequiel 11,19; 36,26). O coração puro (Mateus 5,8) recebe a luz da verdade divina (Efésios 1,18; 2 Pedro 1,19) e é chamado a tornar-se a morada de Cristo (Efésios 3,17) e do

Espírito Santo (2 Coríntios 1,22; Gálatas 4,6). No Novo Testamento se superou, portanto, a ideia de circuncisão hebraica: os cristãos devem ser "circuncisos no coração" (Romanos 2,28; Atos 15,28).

A arte cristã, especialmente a partir do misticismo do final da Idade Média, desenvolveu um simbolismo generalizado do coração: pensemos nos corações queimados ou perfurados de Cristo, Maria e dos santos.

76

DESERTO

Meditação e tentação

O deserto é um símbolo ambivalente dos aspectos positivos e negativos. No islã aparece principalmente com um significado negativo, como lugar de perda. Nos Upanishads hindus, ocasionalmente se refere a uma imagem da unidade primordial indiferenciada, além do mundo das aparências.

Na Bíblia, o deserto é um dos conceitos mais significativos: por associação de ideias, traz à mente dos hebreus o êxodo do Egito, etapa fundamental e significativa da história da salvação. Nos profetas, o deserto simboliza o período mais completo da dedicação hebraica a Deus (Oseias 2,14; 13,4-5); somente no deserto o povo de Iahweh pode se reunir e se formar, e apenas atravessando o deserto pode se regenerar. É no deserto que Deus se mostra com mais frequência: por exemplo, na coluna de nuvens e fogo que guia o povo de Israel (Êxodo 13,21); é sempre no deserto que Deus dá a sua Lei (Êxodo 20) e dali também parte a pregação de João Batista (Mateus 3,1). Também Jesus permaneceu quarenta dias isolado no começa da sua vida pública (Mateus 4,1). As terras inóspitas e desoladas são também o território da tentação: o povo que quer retornar ao Egito (Êxodo 16,2), Jesus tentado pelo maligno (Mateus 4,3).

Acreditava-se que os demônios morassem em locais desabitados (Lucas 8,29), e, em conexão com os apoftegmas dos padres do deserto, o lugar se caracterizou muitas vezes com uma valência dupla: como lugar tanto da tentação por parte dos demônios – pensemos em Santo Antônio, o Grande (250-355 ca.) – como de meditação e da proximidade a Deus.

Alguns cristãos, especialmente no Egito e na Palestina, mas também na Síria e na Mesopotâmia, começaram a retirar-se ao deserto com a intenção de reafirmar que "o Reino de Deus não é deste mundo" (João 18,36-37) e reivindicar, assim, os mais altos valores do espírito, juntamente com um protesto – mais ou menos explícito – contra os perigos da mundanidade. Trata-se dos inícios do monarquismo, cuja origem remonta aos primeiros convertidos que, nas cidades, viviam de forma radical a própria fé com a ambição da *imitatio Christi*. O ideal deles era agradar somente a Deus e antecipar de alguma forma sobre a terra aquela vida ultraterrena na qual "Deus seja tudo em todos" (1 Coríntios 15,28).

A primeira expressão de vida monástica foi então aquela eremítica ou anacorética. Jerônimo chama de anacoretas todos aqueles que moram sozinhos nos desertos e se retiraram para longe dos homens. Os anacoretas viviam em um isolamento quase total, caracterizado por abstinência sexual, penitência, trabalho manual. Na ausência de fontes confiáveis, não é possível saber em detalhes a instituição desse tipo de vida. Só em seguida os eremitas fizeram a escolha cenobítica (do grego *koínos bíos* = vida comum) com o monge Pacômio (292-347), que configurou uma espécie de "convivência solitária" dos monges na partilha dos bens e da oração comum, na observância da própria regra, no trabalho manual e na obediência ao abade.

77

NOITE

O silêncio de Deus

A noite, ao contrário do dia, é símbolo do irracional, do inconsciente, da morte, mas também do ventre materno protetor. No misticismo a noite escura – como é descrita na tradição espiritual cristã, especialmente na relacionada com a experiência de João da Cruz e Teresa de Ávila – é um período prolongado de secura e vazio, vivido e interpretado como ausência e abandono de Deus, que progressivamente vem tocar também todos os outros âmbitos da vida do fiel, e ainda mais do místico. A impressão é de estar em uma escuridão que envolve tudo, tanto o aspecto intelectual quanto o afetivo. O orante se encontra sem capacidade de pensar em Deus e de orar com ele, sem a memória das graças místicas recebidas no passado, e mais ainda, com um sentimento de aflição e amargura do ponto de vista emotivo. O místico tem, inclusive, a sensação de ter sido rejeitado por Deus: aquele que alimentava com palavras de amor, agora parece oferecer somente silêncio e frieza. Em suma, um verdadeiro estado depressivo, diria a psicologia clínica. Mas é a própria psicologia que corrige o diagnóstico: depressão sim, mas não aquela com implicações psicopatológicas.

A noite escura da alma evoca, com tons profundos e dramáticos – místicos, de fato –, aquele cansaço de viver que acompanha o desenvolvimento de cada pessoa que se encontra lidando com a realidade, quando deve modular a sua existência pela complexidade das relações com os demais e pelo contexto ambiental em que se encontra atuando.

78

LUZ

O numinoso

A luz – fenômeno onipresente em nossa vida cotidiana – nos é familiar em seus efeitos, mas não é imediatamente compreensível em sua natureza; por isso é símbolo privilegiado da imaterialidade, do Espírito, da fé em Deus.

É muito comum de se encontrar a distinção entre a luz do sol (ver *Sol*, n. 19), que simboliza a inspiração e a visão mística, e a luz da lua (ver *Lua*, n. 17), que, enquanto luz refletida, representa a forma cognitiva mediada do pensamento racional e discursivo.

No âmbito das concepções cosmogônicas de muitos povos antigos, a separação da luz das trevas no começo do mundo ocorre sempre como a primeira provisão do divino.

Na Bíblia, a luz é considerada uma substância tangível, independentemente do sol ou das estrelas, pela qual é criada como primeiro elemento cósmico (Gênesis 1,3); a luz é criatura de Deus e a ele obedece tremendo (Baruc 3,33).

A luminosidade se opõe à treva, que aparece principalmente como símbolo de ignorância e de apatia espiritual, de âmbitos moralmente subdesenvolvidos ou abjetos, de morte, infortúnio, oculto.

Na Bíblia, a escuridão é o reino dos mortos (Jó 10,22), enquanto "ver a luz" significa nascer (Jó 3,16).

No universo simbólico, o conceito espacial de acima e abaixo, de altura e profundidade, corresponde à relação entre luz e trevas.

Quase todos os princípios fundamentais baseados em uma bipartição do mundo – como, por exemplo, Ormazd e Ahriman, Yin e Yang, anjos e demônios, espírito e matéria, masculino e feminino... – referem-se à distinção entre luz e trevas. A ideia de uma ascensão progressiva das trevas à luz é comum entre muitos povos em relação tanto à evolução da humanidade quanto à de cada indivíduo.

No Novo Testamento, a expressão característica de Paulo "filhos da luz" é equivalente a "filhos de Deus" (1 Tessalonicenses 5,5; Efésios 5,8).

No Evangelho de João, nas suas Cartas e no Apocalipse, o tema da luz é dominante: os discípulos devem ser luz do mundo (Mateus 5,14) e, acima de tudo, Jesus é luz para os homens (João 1,5-9; 3,19-21; 8,12; 1 João 1,7; Apocalipse 22,5).

Na noite da Páscoa, celebra-se a "liturgia da luz" com a iluminação de fogo e velas.

Os místicos falam, às vezes, de uma escuridão que se encontra *além* – em contraposição a *abaixo* – da luz do conhecimento e que simboliza a incognoscibilidade de Deus (ver *Noite*, n. 77).

Na arte figurativa, a iluminação espiritual de um santo ou de um profeta é geralmente representada por uma auréola, uma aura ou por um nimbo.

A visão do termo "numinoso" – termo esse cunhado pelo teólogo Rudolf Otto para indicar aquela experiência extrarracional de uma presença invisível, majestosa, poderosa, que inspira terror e fascina ao mesmo tempo – é produzida sobretudo nos místicos. Muitas vezes se trata de um objeto inefável; o místico não consegue explicá-lo em linguagem humana e, portanto, fala de uma luz branca, deslumbrante, mas também maravilhosa e consoladora.

79

GIRASSOL

Buscar a iluminação

"Traz-me tu a planta que conduz / aonde crescem loiras transparências / e se evapora a vida como essência; traz-me o girassol de enlouquecidas luzes."[11] Estes são os versos finais da famosíssima poesia de Eugenio Montale "Traz-me um girassol", da coleção Ossi di seppia.

Para o poeta, o girassol é símbolo de uma embriaguez quase mística, que ilumina a visão das coisas, tentativa extrema de uma poesia que é também contemplação da luz, algo diante do qual não se pode deixar de enlouquecer. O que o poeta está pedindo à sua musa não é conhecimento, é algo a mais, é aquilo que os poetas gostam de chamar de "iluminação".

O girassol é uma flor que tem origens antigas: na América do Norte foram encontrados restos que remontam a três mil anos antes de Cristo. Foi apreciado por Luís XIV, o Rei Sol, e durante a era vitoriana; na Grã-Bretanha, foi projetado em tecidos, gravado em madeira, forjado em metais. O fato de girar para perseguir o astro simboliza, para alguns, adulação,

---

[11] N.T.: disponível em: <https://casadospoetas.blogs.sapo.pt/7857.html>. Acesso em: 15 de janeiro de 2019.

e, para outros, reconhecimento da estrela que lhe permite viver. É uma flor que sempre esteve associada ao intelecto, à intuição, à fé e à bondade.

No cristianismo era símbolo do místico que continuamente dirige a própria alma a Deus. O girassol, no entanto, não é somente o monge ou o santo, mas também o homem que busca a luz e tem confiança de que sempre haverá luz, mesmo atrás das nuvens e além das trevas. O girassol é o indivíduo que busca sempre aquela centelha de bem para fazê-la se tornar fogo.

80

SOPRO

Fôlego e vento

O sopro – ou também fôlego – é símbolo de forças cósmicas vivificantes, às vezes até do espírito, em particular do Espírito que opera nas origens do mundo. No taoísmo, por exemplo, está presente a concepção dos Nove Sopros primordiais, cuja lenta convergência inicialmente criou o espaço físico, a condição para tudo o que existe.

Na Índia teve um papel importante a concepção de um sopro que irradia por todos os lugares, unindo os diferentes planos da existência. O Atman – o Si individual e espiritualmente eterno, que se funde à meta última da evolução espiritual com Brahma, o Si divino – foi originalmente concebido como sopro; além disso, a totalidade psicofísica do homem se desenvolve em cinco sopros diferentes, intimamente relacionados com a serpente Kundalini.

No Gênesis, Deus anima o homem criado por ele com o próprio sopro, que, neste caso, simboliza o espírito do Criador: "Então Iahweh Deus modelou o homem com a argila do solo, insuflou em suas narinas um hálito de vida e o homem se tornou um ser vivente" (2,7), mas o sopro é também a respiração da vida: "Com Noé, entrou na arca um casal de tudo o que é carne, que tem sopro de vida" (Gênesis 7,15).

O vento, devido à sua indefinição e sua rápida mudança de direção, é símbolo de fugacidade, de instabilidade e é, como a tempestade, um ícone das volúveis paixões humanas; é também manifestação e expressão do Espírito Santo (João 3,8; Atos 2,2), traz a voz de Deus e toma forma nos anjos, mensageiros divinos.

Símbolos teológico-espirituais

81

CREDO

O símbolo da fé

O cristianismo, afirmando que Deus se manifestou na pessoa física e histórica de Jesus de Nazaré, a partir da sua pregação deu origem a um certo número de afirmações de fé, das quais a doutrina ainda é composta. Nesse sentido, a primeira dessas afirmações é aquela para a qual "Jesus é o Senhor", escrita por São Paulo na Carta aos Romanos (10,9).

Como resultado, a complexidade da teologia cristã foi crescendo, à medida que avançava a exigência de explicar sempre melhor o dogma que faz de Jesus o Filho de Deus.

O primeiro a merecer completamente o nome de "credo cristão" foi o chamado *Símbolo dos apóstolos*. Diz-se que foi proclamado pelos doze apóstolos, reunidos em assembleia, e que cada um deles formulou uma das frases que o compõem. Trata-se, obviamente, de uma descrição pouco provável, no entanto, o Símbolo dos apóstolos é muito antigo e parece ter sido escrito a fim de se opor ao docetismo e ao gnosticismo, colocando ênfase no nascimento, na morte e na ressurreição corporal de Jesus.

O Credo (ou Símbolo da fé) é, portanto, uma síntese rigorosa que enuncia e resume os elementos fundamentais da fé cristã. O *Symbolum Apostolicum* remonta aos séculos II-III, enquanto o Símbolo niceno-constantinopolitano (*Symbolum Nicænum Costantinopolitanum*) foi codificado depois dos Concílios de Niceia (325) e de Constantinopla (381). Cada um dos dois símbolos serve não tanto como instrução, mas como profissão. Os conteúdos dessa profissão são as verdades de fé enraizadas precisamente na primeira palavra: *credo*.

Menos comum é o uso do termo símbolo para se referir a essas orações. A palavra símbolo deriva do grego σύμβολον (*symbolon*) e deve ser entendida, neste caso, com o significado de sinal de reconhecimento. Entre aqueles que estipulavam um contrato ou um acordo, era prática comum intercambiar um sinal tangível, muitas vezes uma moeda ou um objeto quebrado, conservando um pedaço cada um. As duas peças do objeto, as únicas que se poderiam encaixar perfeitamente, proporcionariam às partes – e muitas vezes a seus herdeiros – a garantia de se reconhecerem no futuro. Cada uma dessas duas peças era chamada de símbolo. Daí derivam os símbolos cristãos como profissão de fé e como sinal de reconhecimento entre as primeiras comunidades cristãs: eram fórmulas doutrinais breves, fáceis de manter na memória, que deveriam servir para "reconhecer-se" como comunidade e para manter a uniformidade da doutrina.

Tanto o Símbolo apostólico quanto o Símbolo niceno-constantinopolitano têm valor dogmático e vivem em uma relação estreita com as Sagradas Escrituras, destacando o que constitui o coração da mensagem bíblica, vétero e neotestamentária.

O próprio *Catecismo da Igreja Católica* assume o Símbolo apostólico – que representa "o mais antigo catecismo romano" (Catecismo da Igreja Católica, n. 196) – como base da própria exposição, embora amplie a discussão e faça constante referência ao Símbolo niceno-constantinopolitano.

82

TRINDADE

Representações simbólicas

O propósito de representar a Trindade se manifestou precocemente na história da Igreja. Já os três anjos que visitaram Abraão sob os carvalhos de Mamre eram vistos como uma espécie de prefiguração (Gênesis 18,1-33).

A iconografia refletiu o esforço de traduzir o dogma cristão em imagens que podem recordar nos fiéis o conceito teológico de um *Deus Uno e Trino*, fusão de identidade e comunhão.

Uma das representações mais frequentes colocava, junto ao Pai, retratado com uma mão que desce do céu, o Cristo, como um cordeiro, segundo as palavras proferidas por João Batista (João 1,29) e o Espírito Santo, como uma pomba, em referência ao texto evangélico do batismo de Jesus (Mateus 3,17).

A Trindade foi frequentemente recordada também com símbolos abstratos, muitas vezes centrados em figuras geométricas.

O chamado *Scutum Fidei* é uma tentativa de condensar em um diagrama compacto a primeira parte do Credo de Atanásio: consiste de quatro nós, geralmente de forma circular, três dos quais são dispostos num triângulo, que contêm os nomes *Pater, Filius* e *Spiritus Sanctus,* enquanto o quarto, no centro de gravidade, leva o nome de Deus (*Deus*). Os círculos estão ligados uns aos outros por algumas faixas, dentro das quais são colocadas as expressões *est* (é) ou *non est* (não é) para indicar as relações entre as figuras descritas. As conexões são feitas sem seguir uma direção, para que possam ser lidas no sentido horário ou anti-horário.

Os símbolos abstratos mais frequentes são: o triângulo equilátero, o trevo (anéis borromeanos) e um conjunto que inclui o trono (poder), o livro (inteligência) e a pomba (amor).

A chamada Trindade tricéfala é encontrada em poucas soluções iconográficas sobreviventes que chegaram aos nossos dias: na Itália, por exemplo, na pequena cidade de Armeno, dentro da igreja paroquial de Santa Maria Assunta (século XII).

No século XII se espalharam pela arte cristã vários tipos de imagens trinitárias que se mostraram capazes de durar no tempo: grande sorte teve aquela que retrata o Pai eterno no trono, que, com os braços abertos, segura o Cristo na cruz.

No alvorecer do Renascimento, Lorenzo Lotto inventou na sua "Trindade" uma solução inédita, cheia de força evocativa, que foi copiada durante séculos por sucessivos artistas. Jesus é representado em glória no céu dentro de um círculo de nuvens, como nas cenas da transfiguração; coloca os pés em dois círculos paradisíacos e abre os braços para mostrar as feridas da paixão, enquanto a pomba do Espírito Santo voa sobre ele; o atributo iconográfico extraordinário e original é a aparição do Pai: no lugar da divindade humanizada, evocada talvez por uma mão de bênção que desce do céu, Lotto escolheu representar uma entidade de pura luz com seus braços levantados, evanescentes, atrás do Filho.

Alguns anos depois, Rafael Sanzio imaginou em sua "Disputa sobre o sacramento" uma linha vertical que idealmente combina as três figuras e tem como ponto focal a hóstia consagrada.

83

JEJUM

Uma profissão de fé

O jejum é um tipo de profissão de fé com o corpo. O sentido do jejum cristão é a *metanoia*, isto é, aquela transformação espiritual (conversão) que aproxima o homem de Deus. Esse gesto tem a função fundamental de nos fazer conhecer qual é a nossa fome, do que nos alimentamos, bem como de ordenar os nossos apetites em torno do que realmente importa. Jesus, nos quarenta dias de jejum no deserto, recorda que: "Não só de pão vive o homem, mas de toda palavra que sai da boca de Deus" (Mateus 4,4). Através da privação de comida e da moderação no apetite, que é vital e fundamental para o homem, aprende-se a ter disciplina nas nossas relações com os outros e com Deus.

O jejum era praticado pelos cristãos desde os primeiros séculos. Era obrigatório antes de celebrar o Batismo dos catecúmenos: tal jejum não tinha propósito penitencial, mas ascético-iluminador. A instituição posterior da Quaresma (ver *Quaresma*, n. 84) fez São Leão Magno dizer:

> Tudo o que o cristão deve fazer em todo momento, deve agora praticar com maior cuidado e devoção, para que

se cumpra a norma apostólica do jejum quaresmal que consiste na abstinência não só das comidas, mas também e especialmente dos pecados. Então, a tais santos e obrigatórios jejuns, nada pode ser mais proveitosamente associado do que a esmola, a qual sob o nome único de "misericórdia" abraça muitas obras boas.

Santo Agostinho nos *Sermones* escrevia que o jejum e a esmola são "as duas asas da oração" que permitem voar alto até Deus.

Também as outras religiões monoteístas encontram um sinal-símbolo na prática da renúncia periódica à comida e aos vícios em geral. Para o fiel muçulmano, é um dos cinco pilares obrigatórios e consiste em abster-se, do amanhecer ao anoitecer, de beber e comer, de fumar e de praticar atividades sexuais. Na sua dimensão social, o jejum nos faz entender o valor dos dons de Deus e, portanto, permite abrir-nos com mais compaixão e caridade aos necessitados. Quando o sol se põe, o jejum é interrompido. A tradição diz que se deve comer uma tâmara e beber água, porque assim fazia o profeta Maomé.

Os judeus praticavam vários períodos de jejum como expressão de expiação dos pecados, de luto e de súplica (como no caso do jejum de Ester). O jejum mais conhecido e mais observado é, ainda hoje, o do Yom Kippur, o chamado Dia da Expiação, que cai no dia 10 do mês de Tishri, dez dias depois de Rosh Hashanah (Ano-Novo hebraico), ou seja, entre setembro e outubro do nosso calendário. É o dia destinado a expiar os pecados cometidos ao longo do ano, tanto para com Deus quanto para com os homens.

É um jejum completo, do pôr do sol, antes do anoitecer, até a noite seguinte. Quatro outras restrições também são prescritas: não se pode lavar o corpo, não se pode usar sapatos de couro, água de colônia, óleos ou até mesmo ter relações sexuais.

84

QUARESMA

O tempo da penitência

A Quaresma é o período litúrgico de conversão e penitência ritual que precede a Páscoa. Começa com a quarta-feira de cinzas e termina depois de quarenta dias, na Quinta-feira Santa.

Durante esse período, os cristãos são encorajados a viver a sua fé mais fortemente através das liturgias penitenciais, das peregrinações, das privações voluntárias como o jejum e a esmola, a partilha fraterna (obras de caridade e missionárias).

Concretamente, os preceitos a serem vividos nesses quarenta dias foram consideravelmente limitados ao longo dos anos. Hoje está previsto apenas a abstenção de carne durante as sextas-feiras de Quaresma (para recordar a morte de Jesus) e o jejum em dois dias específicos: a quarta-feira de cinzas e a Sexta-feira Santa.

A abstinência, em particular da carne, remonta ao Antigo Testamento e, para algumas circunstâncias, também ao mundo pagão, embora tenha tido amplo desenvolvimento no monarquismo cristão. Uma alimentação severa e parca reprimia as tentações e a concupiscência da carne, favorecendo o ascetismo e o domínio do espírito sobre o corpo.

O caráter original da Quaresma foi depositado na penitência de toda a comunidade cristã e dos indivíduos, prolongada por quarenta dias (ver *Quarenta*, n. 59).

O número quarenta, que ocorre frequentemente nas Escrituras, desempenha um papel central na determinação da duração da Quaresma. Em particular, no Novo Testamento: os quarenta dias que Jesus passou jejuando no deserto; os quarenta dias em que Jesus ensinou seus discípulos entre a ressurreição e a ascensão.

Ainda mais numerosas são as referências no Antigo Testamento: os quarenta dias do dilúvio universal; os quarenta dias passados por Moisés no monte Sinai; os quarenta dias empregados pelos pioneiros judeus enviados para explorar a terra prometida; os quarenta dias da viagem do profeta Elias para alcançar o monte Oreb; os quarenta dias de tempo que, na pregação de Jonas, Deus concede a Nínive, antes de destruí-la; os quarenta anos passados por Israel no deserto.

A Quaresma começa na quarta-feira de cinzas, quando se realiza o rito da imposição. Palmeiras e ramos de oliveira abençoados no Domingo de Ramos do ano anterior são queimados e reduzidos a cinzas.

Nas celebrações eucarísticas da Quaresma não se canta o Aleluia ou se recita o Glória (exceto nas festas e nas solenidades), e se usa a cor roxa para as vestes litúrgicas (exceto para as festas e solenidades, nas quais se usa a cor própria, ou seja, o branco, a menos que haja festas ou solenidades locais de mártires); para o quarto domingo, chamado Laetare, desde o início do introito em latim da missa, é possível escolher o rosa; o Domingo de Ramos, que abre a semana santa, tem como cor litúrgica o vermelho; na manhã da Quinta-feira Santa se celebra a missa do crisma, caracterizada pela cor branca. Desde as primeiras Vésperas do quinto domingo de Quaresma, é permitido, de acordo com os costumes locais, velar os crucifixos e as imagens dos santos.

85

CINZAS

Caducidade

O significado simbólico da cinza está ligado à sua afinidade com o pó e ao fato de ser resíduo frio e, ao mesmo tempo, purificado da combustão, após a extinção do fogo; é, portanto, considerada em muitas culturas como símbolo de morte, de fugacidade, de arrependimento e de penitência, mas também de purificação e de ressurreição. Cobrir a cabeça de cinzas, ou rolar nela, era uma manifestação de aflição entre os gregos, os egípcios, os judeus, os árabes e – às vezes até hoje – entre as tribos primitivas.

Os *yogin* indianos cobrem o corpo de cinzas como sinal de renúncia ao mundo. No judaísmo, as cinzas sagradas de alguns animais sacrificados cremados eram consideradas purificadoras.

O cristianismo conhece o uso das cinzas com referência ao simbolismo da penitência e da purificação no contexto das várias funções litúrgicas, incluindo a quarta-feira de cinzas e a consagração de igrejas e paróquias. Os sacerdotes impõem na testa ou na cabeça dos fiéis um pouco de cinzas como exortação à conversão. A fórmula do passado costumava dizer: "Tu és pó e ao pó voltarás".[12] Hoje o celebrante diz:

---

[12] N.T.: Tradução nossa.

"Convertei-vos e crede no Evangelho". Com o pó da terra, Deus moldou o corpo de Adão (Gênesis 2,7; 3,19; Jó 4,19) e o próprio homem é chamado pó (Gênesis 18,27). Sinônimo de fragilidade, as cinzas ainda são usadas hoje em rituais fúnebres judaicos (Josué 7,6), e suas inúmeras partículas e grãos são símbolo da descendência imensamente vasta de Abraão (Gênesis 13,16).

86

PEREGRINAÇÃO

A vida como passagem

O termo *peregrinus* significa etimologicamente "aquele que cruza os campos e as fronteiras". No simbolismo de muitas religiões, a peregrinação se refere à vida do homem na terra, uma vida que não é definitiva, ou melhor, uma transição repentina de uma vida para outra.

O cristianismo tem uma sua peculiar interpretação da peregrinação. Em primeiro lugar, está ligada a um santuário, a um espaço sagrado delimitado, que o torna diferente de qualquer outro lugar. A primeira meta foi Jerusalém, aquela cidade chamada "santa" que foi patíbulo do Cristo, mas também silenciosa testemunha da sua ressurreição.

Muitos outros lugares se tornaram "espaço sagrado" por terem recebido uma epifania especial de Deus: Roma, Santiago de Compostela, Lourdes, Fátima, La Salette, Guadalupe, Jasna Góra, Éfeso.

Desde os primeiros documentos que possuímos a respeito disso – basta pensar no Diário de Egéria, peregrina na Terra Santa, no final do século IV –, a descrição do significado de peregrino cristão se mistura com a curiosidade por lugares, costumes e linguagens dos povos encontrados: uma riqueza de conhecimentos que constituem um verdadeiro tesouro de cultura.

Os principais símbolos que identificavam os peregrinos do passado (*signa peregrinationis*) eram:

— a *concha:* representava uma mão aberta e generosa capaz de conter uma água abençoada, fonte de regeneração e salvação;

— o *cajado* (bastão curvo tão querido pelo peregrino fatigado): simbolizava a fé e a perseverança e tinha como função a defesa contra cães, lobos, ladrões e pessoas mal-intencionadas;

— o *alforje:* feito de pele de animal, era símbolo de mortificação da carne; estava sempre aberto, para testemunhar os dons de caridade e altruísmo do peregrino.

Ao retornar das peregrinações aos locais sagrados, os peregrinos facilmente se reconheciam pelos símbolos que carregavam pendurados ao manto ou no chapéu:

— os símbolos das peregrinações a Roma eram as medalhas de chumbo com a imagem de São Pedro e São Paulo, e as chaves cruzadas de São Pedro, ou a representação de Verônica;

— os símbolos da peregrinação à Terra Santa eram o ramo de oliveira e pequenas cruzes;

— o símbolo da peregrinação a Santiago de Compostela era a concha.

Antes de partir, o peregrino participava de um verdadeiro ritual para se vestir: o vestuário era solenemente abençoado diante do altar, antes de ser usado.

A roupa era composta de uma veste curta, para não atrapalhar o passo, ou calças curtas,[13] um chapéu com abas largas, para se proteger do sol e da chuva, um cantil pendurado no cinto.

Aquele que caminha em direção a uma meta é capaz de captar o sentido dos eventos, torná-los próprios e comunicá-los como experiência. A peregrinação em nossos dias se encarrega de manter viva a memória dos primeiros peregrinos. Combinando desejo de solidão, silêncio e meditação com uma curiosidade intelectual saudável, a arte de caminhar em direção a um lugar santo nos reconcilia com o sopro do tempo e da Criação.

---

[13] N.T.: Também conhecido como Knickerbockers, muito usada no começo do século XX por jogadores de golfe.

87

SANGUE

Vida e expiação

Desde os tempos antigos, era considerado a sede da alma e da força vital, simbolicamente ao lado do fogo e do sol. Os gregos derramavam o sangue nas tumbas dos defuntos para enxertar força vital às sombras da vida após a morte. Em muitos povos, os videntes, os feiticeiros e os xamãs bebiam sangue para alcançar o êxtase. No culto de Cibele e no de Mitra, os iniciados nos mistérios eram batizados com o sangue de touros imolados. Era difundida também a crença de que o sangue contaminasse: assim, especialmente entre os povos primitivos, as mulheres menstruadas ou que tinham apenas dado à luz, eram submetidas a rituais de purificação; semelhante disposição se encontra também na Bíblia (Levítico 15,19; 12,2; Gênesis 31,35). O cristianismo vê no sangue de Cristo uma força expiatória e libertadora. Espinhos e farpas foram emblemáticos para representar tortura, martírio e dor.

Em algumas tribos de nativos norte-americanos, o espinho de agave era instrumento de automortificação: os homens religiosos esfregavam a pele para oferecer aos deuses o sangue que fluía de suas feridas. Na arte figurativa cristã, um ramo de espinhos enrolado em torno de um crânio é um símbolo da condenação eterna.

A coroa de espinhos de Cristo (Marcos 15,16) é, ao mesmo tempo, símbolo das dores e do escárnio. A tonsura dos monges tornou-se, entre outras coisas, uma referência simbólica.

O ramo de espinhos na narração do sacrifício de Isaque (Gênesis 22,13) foi considerado uma antecipação da coroa de espinhos.

88

COROA

Dignidade e realeza

Como ornamento que adorna a parte mais nobre do homem, a coroa possui o significado simbólico de valorizar a pessoa; por causa de sua forma de anel também participa do simbolismo do círculo (ver *Sol*, n. 19). A aura e a auréola são símbolos associados a essa ideia.

A coroa é expressão de dignidade, de poder, de consagração e de uma condição de excepcional superioridade. Em quase todas as civilizações, a coroa é usada por reis, soberanos e chefes de tribos. No judaísmo, a coroa de ouro com um diadema é também um sinal da dignidade do sumo sacerdote.

As coroas dos deuses e dos faraós eram estimadas pelos egípcios como entidades poderosas e mágicas, às quais foram dedicados um culto e hinos particulares.

No budismo e no hinduísmo, assim como no islã, a coroa é vista – às vezes em relação à flor de lótus – como sinal da elevação da alma sobre o corpo.

A Bíblia fala frequentemente de coroa real (1 Macabeus 10,20), sacerdotal (Zacarias 6,11), nupcial (Cântico dos Cânticos 3,11, Isaías 61,10). No Novo Testamento tem diferentes significados: poder (Apocalipse 9,7), prosperidade (Filipenses

4,1), virtude (Apocalipse 3,11), glória e vitória (2 Timóteo 4,8; Apocalipse 6,2), vida eterna (ver 1 Tessalonicenses 2,19; 1 Pedro 5,4; Apocalipse 2,10). Um significado especial tem a coroa de espinhos colocada na cabeça de Jesus durante a sua paixão.

A coroa está associada à aura e à auréola, claros raios que simbolizam a luz divina que, especialmente na arte cristã, envolve toda a figura; diferentemente do nimbo dos santos reservados na arte cristã especialmente a Cristo e a Maria, em forma de amêndoa.

A guirlanda, geralmente de folhas e flores, era usada na antiguidade clássica como honra e como sinal de algo que é dedicado à divindade nas corridas, nas festas e nos sacrifícios: também os animais de sacrifício eram enfeitados com uma guirlanda. Acreditava-se, de fato, ser possível se proteger da embriaguez usando uma guirlanda.

A Bíblia fala da guirlanda de honra, de alegria e de vitória (Isaías 61,10; 1 Tessalonicenses 2,19; 2 Timóteo 4,8; Apocalipse 6,2).

A coroa da vitória da antiguidade clássica recebeu no cristianismo o significado simbólico de consecução da salvação; nesse sentido, também aparece nas lápides, às vezes junto com o monograma de Cristo, ou a pomba ou o cordeiro.

Na antiguidade clássica, na Idade Média e na era moderna, os soberanos e os vencedores eram geralmente retratados com a coroa de louros. A partir do humanismo, a coroa de louros – em homenagem à antiguidade clássica – tornou-se o prêmio dado aos artistas, aos poetas e aos escritores excelentes.

A coroa do advento, confeccionada com ramos de pinheiro e quatro velas, símbolo de preparação e de esperança, é típica dos países de língua alemã.

A coroa do terço católico é a representação sensível de uma sucessão de orações; contando os grãos se recitam cinco vezes dez *Ave-Marias*, precedidas de um *Pai-Nosso* e concluindo-se com um *Glória*.

89

CINTO

Prontidão e vigilância

Pela forma circular e a função de amarrar com firmeza, o cinto é símbolo de força, de poder, de consagração, de fidelidade e ligação a uma pessoa, a um grupo ou a um ideal (ver *Sol*, n. 19). Roubar o cinto de alguém significa eliminar as suas ligações e a sua força, por vezes também o seu prestígio.

Na Índia, o ato de amarrar a cintura por meio do guru é o primeiro passo da iniciação espiritual.

Na Bíblia o cinto é mencionado também como símbolo do estar prontos: cingir os lados e calçar os pés (2 Reis 9,1; Êxodo 12,11).

Junto aos gregos e romanos, as meninas usavam um cinto de lã de ovelha – símbolo de virgindade – que o marido tinha que desamarrar quando chegasse ao tálamo; remover a faixa era, portanto, emblema da união conjugal. O cinto de Vênus era considerado irresistível e encantador. Por outro lado, o cinto, em contexto erótico, também tem uma função de separação e ocultação: o primeiro cinto mencionado na Bíblia é o de folhas de figueira, com o qual Adão e Eva cobriram a sua vergonha (Gênesis 3,7).

Para o cristão, o cinto é sinal de repressão das paixões e dos instintos. Acreditava-se que os anjos usassem cintos como afirmação da sua força espiritual; o mesmo significado possuem os cintos de castidade dos eremitas, dos monges e dos sacerdotes durante a missa. Na Idade Média as prostitutas não podiam usar nem véus nem cintos. Foi atribuído aos cintos de diferentes santos o poder de aliviar a dor do parto.

90

PÉROLA

O Reino de Deus no coração

É universalmente um símbolo lunar e feminino. Na China, a pérola é assimilada à lua, à água e à mulher. Por causa de sua forma esférica e seu brilho, também é considerada um simulacro de perfeição e imortalidade.

Entre os gregos, era uma imagem do amor. Na Pérsia, a pérola intacta era assimilada à virgindade das meninas escolhidas para o harém. O mito persa também via a pérola em conexão com a modelagem primordial da matéria através do espírito. No entanto, a pérola deve sua interpretação simbólica profunda e generalizada ao fato de crescer no fundo do mar, cercada pela escuridão de uma concha. É, portanto, um símbolo da vida neonatal que cresce no seio materno e, novamente, da luz que brilha na escuridão; em alguns povos era comum a lenda que dizia que as pérolas nasciam das faíscas de luz ou de gotas de orvalho. A gnose cristã retomou esse complexo de significados e ligou-o a Cristo, à Sabedoria, ao Logos.

O que queria dizer Jesus com as duas parábolas do tesouro escondido e da pérola preciosa? Mais ou menos isso. Chegou a hora decisiva da história. Manifestou-se na terra a verdadeira essência do Reino de Deus, que está acima de tudo em nós e em nosso meio (a tradução de Lucas 17,27 pode ser dupla). A pérola preciosa é o próprio Jesus, a ser procurado na profundidade, no coração, além das aparências e das superestruturas.

Símbolos rituais

91

ÁGUA

Humildade e transparência

Em quase todas as religiões o homem se lava, especialmente as mãos, como sinal de purificação antes das funções sagradas.

A água é símbolo do complexo horizonte semântico. Como massa indiferenciada, sem forma, simboliza a riqueza das possibilidades ou também o contexto em que se desenvolvem as primeiras formas de vida. Com esse significado, aparece em muitos mitos da Criação. Na mitologia indiana, a água carrega o ovo cósmico. O Gênesis (1,2) fala do espírito de Deus que, antes da criação da luz, pairava sobre as águas. Entre alguns povos, no contexto dessa tradição mítica, há também o empreendimento titânico de um grande animal que mergulha nas profundezas do mar, arrancando um pedaço de terra do abismo.

A água é também símbolo da energia purificadora e regeneradora: no islã, no hinduísmo e no budismo, bem como no cristianismo. A esse horizonte também pertencem as interpretações da água como fonte da juventude.

Universalmente espalhado é o simbolismo da água ligado à fecundidade e à vida; nessa perspectiva, a água é, às vezes, oposta ao deserto (ver *Deserto*, n. 76). A vida espiritual é frequentemente associada à água da fonte: a Bíblia fala da água da vida em um significado místico (João 4,26-26; Apocalipse 22,1).

A água que não pode ser aprisionada dentro de qualquer limite, também aparece como símbolo da eternidade em diferentes contextos.

Como força destrutiva, também pode ter um caráter simbólico negativo, por exemplo, no caso do dilúvio, mas também como sinal de humildade: a água de uma fonte sempre flui para baixo, do monte ao vale.

A psicanálise vê na água predominantemente um símbolo da feminilidade e das forças do inconsciente. A referência ao ventre materno está ligada às esferas mais profundas da alma humana, a algo que não tem forma, mas que ocupa todas as formas, a algo que aparentemente parece inconsistente, mas que em todo caso é fonte de vida. A água indica a relação com as nossas "emoções" e é interessante a forma como se apresenta; por exemplo, no sonho, é interessante compreender se é uma água de mar, de rio, ou de pântano, se é livre ou circunscrita.

Pilatos lavou as mãos para expressar a rejeição da responsabilidade (Mateus 27,24). Ainda hoje, em algumas regiões do Oriente Médio, a lavagem dos pés é considerada um gesto de acolhida a estranhos e convidados.

O Batismo – entendido como lavacro – é difundido em muitas civilizações, em conexão com os rituais de nascimento, morte ou de um processo de iniciação.

Ao contrário das abluções e rituais de purificação que se repetem, o Batismo cristão, originalmente uma espécie de banho, é um ato único que sela a admissão na Igreja. O batismo de Cristo significa, ao mesmo tempo, purificação ritual e descida do Espírito Santo (Mateus 3,16). De acordo com Paulo, a imersão na água é um símbolo de morte e ressurreição em Cristo (ver 1 Coríntios 15,29).

92

ÓLEO

Força e vigilância

Em muitas civilizações, os óleos são considerados portadores de energias especiais. O azeite de oliva, produzido da planta de oliveira que frutifica seu solo árido, é visto como um viático de força física e espiritual: com o óleo se massageiam os músculos dos atletas.

As unções com óleo eram praticadas na preparação dos cadáveres e nas cerimônias fúnebres.

A unção com óleos perfumados e preciosos ocupa em várias religiões um importante papel sagrado; no hebraísmo, eram ungidos os objetos sagrados, como a pedra de Betel (Gênesis 28,18), e homens eminentes (sacerdotes, profetas e reis) para sancionar a bênção divina e a autoridade conferida por Deus (Isaías 61,1; 1 Samuel 16,13).

O epíteto Cristo (em hebraico *Messia*) significa "ungido" e designa, portanto, o poder real, profético e sacerdotal de Jesus. De particular importância é a unção de Jesus feita por Maria, irmã de Marta, na véspera da entrada messiânica de Jesus em Jerusalém (João 12,3).

O óleo, misturado com bálsamo e substâncias aromáticas, é o crisma: expressa a unidade divina e humana de

Cristo, e é usado no culto cristão para a consagração nos ritos do Batismo, da Crisma, na Ordenação sacerdotal e na Unção dos enfermos.

Na parábola evangélica das dez virgens, as lâmpadas cheias, com óleo de reserva, são sinal de vigilância espiritual e de providência (Mateus 25).

93

PÃO

O alimento universal

É um dos alimentos mais importantes e, ao mesmo tempo, símbolo de nutrição espiritual. No antigo Israel, onde as formas de pão não eram cortadas, mas partidas, o fracionamento do pão significava comê-lo e acima de tudo indicava a refeição comum e a partilha: comer pão com alguém significava ser amigo dele (Salmo 41,10). Os doze pães das ofertas dos hebreus eram contados entre os sacrifícios do Antigo Testamento como imagem simbólica do pão da vida (Levítico 24,5). No Novo Testamento, enquanto, por um lado, o homem "não vive só de pão", também o alimento espiritual é simbolizado pelo pão, e Cristo pode ser chamado de "pão vivo, descido do céu" (João 6,51).

Na transubstanciação eucarística, o pão, juntamente com o vinho, recebe no cristianismo o seu significado mais sagrado como corpo de Cristo. Na iconografia cristã, o pão, especialmente retratado nas representações dos milagres da multiplicação dos pães e dos peixes, é símbolo eucarístico.

O depósito de pão no simbolismo da Idade Média é uma referência a Maria, a Mãe de Deus que carregou dentro de si o pão da vida.

Já no judaísmo antigo, o fermento era símbolo de decomposição, de corrupção espiritual, de impureza. Os pães sacrificiais que eram oferecidos aos deuses tinham que estar sempre sem fermento. Com a saída do povo de Israel do Egito (Êxodo 12,39), que ocorreu precipitadamente e de noite, foi levada a massa não fermentada do pão porque não havia mais tempo para esperar o processo de fermentação; durante a fuga se comeu, então, pães ázimos; a festividade anual da Páscoa hebraica, ligada à "Festa dos ázimos", é a realização *a posteriori* da situação do êxodo do Egito, que, por sua vez, é símbolo da promessa. O Reino de Deus anunciado por Jesus é simbolizado pelo fermento (Mateus 13,33); com valência negativa, é comparada ao fermento também a doutrina dos fariseus e dos saduceus (Mateus 16,12).

Um leitor do Evangelho de Marcos poderia maravilhar-se de que depois da narração da multiplicação dos pães (6,34-44) se prossiga por um par de capítulos e, logo depois, se depare com uma nova narrativa com uma multiplicação de pães que parece uma duplicação da primeira (8,1-10).

Existe uma explicação possível. No caminho para a Fenícia, Jesus tinha reagido fortemente a uma mulher pagã que lhe pediu para curar sua filha, dizendo: "Não é bom tirar o pão dos filhos e atirá-lo aos cachorrinhos", metáfora áspera hebraica para indicar os pagãos. No entanto, a mulher replicara: "Também os cachorrinhos comem as migalhas dos filhos" (7,27-28). É provável que, de acordo com o estilo bíblico que ama o uso de símbolos, os sete pães e os sete cestos que sobraram (na primeira multiplicação havia, no entanto, cinco pães e doze cestos, como as tribos de Israel e os apóstolos) remetam aos indígenas pagãos da Terra Santa.

Em conclusão, as duas histórias da multiplicação dos pães não são uma narração duplicada, mas um duplo evento destinado a um público diferente.

94

VINHO

O sangue de Cristo

O vinho é geralmente símbolo do sangue pela cor e pela referência a ser fruto gerado da "linfa vital" da videira.

Entre os povos semitas e no taoísmo, era considerado elixir de longa vida e uma poção de imortalidade. Na Grécia eram proibidas oferendas de vinho aos deuses do submundo, sendo o vinho a bebida dos vivos. Por causa do seu efeito inebriante, era visto frequentemente também como instrumento para a obtenção do conhecimento esotérico.

No islã místico e em alguns contemplativos cristãos, o vinho era considerado, entre outras coisas, a bebida do amor divino, um símbolo de conhecimento espiritual e da existência da eternidade; no sufismo, a existência da alma antes da Criação era de fato imaginada permeada pelo vinho da imortalidade.

De acordo com a tradição bíblica é um símbolo da alegria e da riqueza dos dons vindos de Deus (Salmo 104,15; Provérbios 9,5). No cristianismo, na transubstanciação eucarística, o vinho recebe o seu significado mais sagrado e profundo, transformando-se no sangue (ver *Sangue*, n. 87) de Cristo (Mateus 26,28; 1 Coríntios 10,16).

A videira é símbolo de abundância e de vida. Na Grécia era consagrada a Dionísio; a videira era também símbolo de renascimento em conexão com os mistérios dionisíacos, que celebravam o deus do êxtase como senhor e, ao mesmo tempo, da morte e da regeneração de toda vida.

No campo do simbolismo judaico e cristão, a videira é um arbusto sagrado com um valor simbólico multifacetado; era considerada imagem do povo de Israel (Jeremias 2,21), com a qual Deus tem bastante cuidado, e árvore do Messias; além disso, já no Antigo Testamento o próprio Messias foi comparado a uma videira. Cristo comparou-se à verdadeira videira que, como um poço cheio de força vital, traz os fiéis como ramos, isto é: somente aqueles que recebem a graça dele podem dar os verdadeiros frutos (João 15,1).

Até mesmo a vinha fechada e vigiada é um símbolo do povo escolhido; mais tarde também foi alegoricamente ligada à Igreja.

O cacho de uvas pintado nos primeiros sarcófagos cristãos era uma referência ao reino prometido, ao Paraíso.

O vinho simboliza Cristo na sua paixão. Já a Bíblia repetidamente recorda: "O sangue das uvas!" (Gênesis 49,11), mas é especialmente quando é colocado na taça que o vinho se torna o sinal da *Passio Christi* (ver *Cálice*, n. 95). Basta lembrar as palavras de Jesus: "Meu Pai, se é possível, que passe de mim este cálice" (Mateus 26,39).

"Eis o cálice da eterna e nova aliança no meu sangue"[14] (Mateus 26,27 e ss). A taça impede que o vinho se espalhe, se

---

[14] N.T.: Tradução nossa, a fim de dar o mesmo sentido da tradução italiana.

perca, quando esse vinho se torna sangue e o simbolismo é o do valor precioso desse elemento vital, do qual nem uma gota pode ser perdida.

Na sua simplicidade cotidiana, o pão e o vinho se nos aparecem carregados de uma amálgama de significados incomparáveis: eles fazem da Eucaristia o sacramento da vida e da unidade.

95

CÁLICE

Salvação e destino

Visto muitas vezes como ícone de abundância transbordante e de alegria, na Bíblia a imagem do cálice aparece em diferentes contextos: é o cálice da salvação ou do destino, que o homem recebe da mão de Deus como uma taça de graça e de alegria, símbolo da proximidade a Iahweh (Salmo 116,13), ou como taça da ira de Deus (Jeremias 51,7; Salmo 23,5; Mateus 20,23). No Monte das Oliveiras, Cristo fala do cálice da paixão (Mateus 26,39).

Instrumento que distribui refresco e alimentação, o cálice às vezes aparece como imagem simbólica do seio materno que alimenta: por exemplo, na Índia.

O cálice e a taça são assimilados ao seio materno e, pela sua forma, foram conectados à lua crescente que, também por causa de sua cor leitosa, sempre se remete ao seio de uma mãe.

As taças, no uso ritual ou na arte figurativa religiosa, contêm frequentemente a poção da juventude e da imortalidade.

O cálice que contém o sangue de Cristo, também fora da celebração eucarística, alude na iconografia ao próprio Jesus e à salvação eterna.

O beber em comum de uma taça ou de um cálice, no âmbito de uma mesma comunidade, era já bastante comum em muitas civilizações como sinal de amizade, de comunhão e de pertença a uma coletividade, a um movimento filosófico, a um contexto religioso. A troca recíproca das taças simbolizava fidelidade aos demais membros e a um ideal compartilhado.

No Japão, no contexto das cerimônias nupciais, o beber de uma mesma taça sanciona o compromisso recíproco.

Na literatura islâmica, a taça aparece como símbolo do coração; três taças, cheias de leite, água e vinho simbolizam o islã: leite, como símbolo da lei natural; água, como símbolo de pureza; vinho, como símbolo de Deus.

No cristianismo, o cálice tem um determinado valor sacro-ritual como lugar da transubstanciação do vinho no sangue de Cristo.

O valor simbólico da taça é algumas vezes aproximado do significado cósmico do crânio com uma referência explícita ao Graal, que, no mundo medieval, era visto como um objeto sagrado. Na França, acreditava-se que o Graal fosse a taça da Última Ceia ou o cálice no qual José de Arimateia havia coletado o sangue de Cristo; na versão alemã do Parsifal de Wolfram von Eschenbach, o Graal é uma pedra com poderes miraculosos, que dá alimento e confere a eterna juventude.

O Graal é também imagem suprema de sabedoria, de conquista daquela Jerusalém celestial (ver *Jerusalém*, n. 70), que é prêmio da evolução espiritual obtida pela superação da aventura mística.

A taça e o cálice, especialmente se de argila, se tornaram também símbolo do corpo físico, considerado como recipiente da alma. O Novo Testamento compara o homem fiel a um vaso de graça (Romanos 8,9; 1 Coríntios 6,19).

Para alguns povos, o transbordar de um mesmo líquido de um recipiente a outro tinha o significado incisivo da reencarnação da alma.

96

MÃO ABENÇOANDO

Invocar o bem

A *Maiestas Domini*, na arte cristã, é a imagem do eterno esplendor de Cristo na glória: representação frontal do Cristo sentado num trono, muitas vezes rodeado por uma amêndoa dourada, com a mão direita abençoando levantada e o livro da vida na esquerda.

Os dedos de Cristo devem ser notados: o polegar toca o mindinho e o anelar. Esse gesto se encontra em muitas representações icônicas bizantinas e ortodoxas. Normalmente o Cristo abençoando na iconografia cristã tem a mão aberta, com indicador e médio abertos e polegar, anelar e mindinho dobrados e fechados, enquanto no mundo greco-ortodoxo, como, por exemplo, no Duomo di Monreale, o polegar toca o mindinho e o anular (ver *Pantocrator*, n. 49).

A mão de Cristo que abençoa do modo grego, ou seja, com polegar, anular e mindinho apertados em grupo de três, é um lembrete do Deus Uno e Trino, um chamado, então, aos mistérios fundamentais da fé cristã. A mão direita do Cristo, portanto, é uma verdadeira mensagem hermética, em que o indicador representa o Pai, o polegar o Filho, o médio o Espírito Santo, o anelar a humanidade, o mindinho a divindade:

o gesto do polegar que toca o anelar e o mindinho dobrados significa que Cristo, o Filho, é homem e Deus.

O sinal da bênção quer recordar a graça divina realmente eficaz e se conecta a outros gestos simbólicos como traçar a cruz na testa. O gesto de bênção, geralmente feito com a mão direita, era geralmente entendido como uma efetiva transmissão de forças. Na Bíblia, a bênção é pronunciada principalmente por Deus (Gênesis 1,28; 17,6-8). Em nome de Deus, os homens constituídos em autoridade também podem pronunciar bênçãos: o pai (Gênesis 48,9), o rei (1 Reis 8,14), Moisés (Deuteronômio 33,1), Josué (Josué 22,6). Levantando as mãos, Jesus abençoa os discípulos (Lucas 24,50), as crianças (Marcos 10,16), os pães (Marcos 6,41). São Paulo apresenta a plenitude da salvação realizada por Jesus como a plenitude da bênção de Cristo (Romanos 15,29).

Na liturgia cristã, os braços levantados indicam a abertura da alma e a invocação da graça.

Na pintura cristã da Idade Média, o braço e a mão que se estendem ao céu são símbolo de invocação, mas também de rendição e abandono a Deus.

O anelar se chama também popularmente dedo do coração, porque se pensava que estava diretamente ligado ao músculo cardíaco através de uma veia especial; a isto está ligado o simbolismo do dedo anelar, em particular o da mão esquerda (o lado do coração), relacionado ao amor e à fidelidade.

Os gestos dos dedos e das mãos foram em todos os tempos meios de expressão mental e espiritual. Na arte ocidental, um dedo colocado na boca ou na língua significa calar, enquanto Jesus Menino com um dedo na boca ou na língua representa, ao contrário, o Logos de Deus.

De acordo com a tradição cabalística, a mão direita de Deus simboliza a misericórdia, e a esquerda, a justiça; a mão direita é, portanto, a mão abençoando, a mão do sacerdócio, e a esquerda a mão da realeza.

97

VESTE BRANCA

A vida nova em Cristo

Em muitas representações e obras de arte, as vestes brancas e luminosas são geralmente uma indicação da superação da corporeidade terrena: nos anjos, nos transfigurados, nos mortos e nos santos.

Na liturgia cristã, mudar de veste é muitas vezes símbolo de entrar em uma nova fase da vida em uma nova comunidade. No ritual da vestidura, a vestimenta monástica representa uma espécie de segundo Batismo, a renúncia definitiva ao mundo.

Segundo a tradição, a túnica é principalmente símbolo de pobreza, de isolamento do mundo e de pertença a uma comunidade religiosa; no cristianismo é interpretada com referência simbólica à veste batismal.

A camisola branca que repousa no corpo da criança no rito batismal é um gesto profundamente simbólico. Recebida das mãos do celebrante e usada apenas naquele momento, possivelmente levada pela própria família como sinal de participação ativa, a vestimenta branca assume o significado expresso pelas palavras do rito: "Agora sois nova criatura e estais revestidos de Cristo. Esta veste branca seja para vós símbolo da dignidade cristã. Ajudados pela Palavra e pelo exemplo das vossas famílias, conservai-a imaculada até a vida eterna".[15]

A riqueza simbólica desse ritual está profundamente enraizada no Antigo Testamento, onde a veste branca expressava sentimentos de alegria e de festa, mas também de augúrio: "Que tuas vestes sejam brancas em todo tempo e nunca falte perfume na tua cabeça" (Eclesiastes 9,8).

Ainda mais numerosas são as referências no Novo Testamento. Uma delas é o episódio da transfiguração (Marcos 9,3), que diz que nenhum lavadeiro na terra poderia tornar as vestes de Jesus tão brancas: da mesma forma o batizado, feito um com Cristo, é simbolicamente transfigurado.

Para entender melhor, é necessário voltar aos primórdios da Igreja e ao Batismo dos catecúmenos adultos na vigília pascal. Após a imersão na fonte batismal, e depois de receber a unção do crisma pelo bispo, os batizados usavam uma túnica nova, branca, e alcançavam os fiéis reunidos na igreja para receber a primeira comunhão.

Então a assembleia expressava alegria e acolhida, como testemunha João Crisóstomo: "Toda a assembleia os abraça, os cumprimenta, os beija congratulando-se e compartilhando a sua alegria".

A túnica branca era usada durante toda a semana seguinte, dedicada às catequeses mistagógicas, isto é, ao aprofundamento da experiência sacramental vivida; no domingo seguinte, a veste

---

[15] N.T.: Tradução retirada do ritual do Batismo on-line da Conferência Episcopal Portuguesa. Disponível em: <http://www.liturgia.pt/rituais/Baptismo.pdf>, p. 55. Acesso em: 10 de janeiro de 2019.

era deposta. Aquela túnica era sinal da mudança ocorrida e da nova dignidade conferida pelos sacramentos apenas recebidos. Hoje, o sinal permanece, sendo algumas vezes realizado às pressas e, em outras, de uma forma mais evidente, como na celebração dos sacramentos da iniciação cristã dos catecúmenos adultos, os quais, na vigília da Páscoa celebrada na catedral, se vestem com um longo manto branco.

98

INCENSO

A oração sobe ao céu

"Suba minha prece como incenso em tua presença" (Salmo 140,2).

O incenso é uma resina de borracha odorífera que, ao queimar, perfuma o ar, o purifica, o torna agradável ao olfato e, nos ritos sagrados, predispõe o espírito ao encontro com Deus.

Essa resina preciosa – considerada símbolo de incorruptibilidade – é produzida de um arbusto que cresce espontaneamente na Ásia e na África. O incenso jorra, sob forma de gotas, das incisões que são feitas nas plantas e se solidifica em contato com o ar. A primeira secreção da planta não tem valor e é descartada, a segunda é considerada medíocre e apenas a terceira dá o precioso incenso, conhecido desde a antiguidade por povos de diferentes idiomas e culturas. Um relevo encontrado no templo de Osíris e Abido, no Egito, retrata uma cena sacrificial na qual o incenso é queimado como sinal de oferenda e adoração.

Alguns povos orientais que praticavam o culto dos mortos acreditavam que a fumaça do incenso, subindo ao céu, guiasse as almas dos mortos na vida após a morte.

Nos primeiros séculos do cristianismo, centenas de cristãos foram martirizados por se recusarem a realizar o gesto, considerado idólatra, de queimar incenso diante do imperador. Mais tarde, para distinguir o culto cristão do pagão, o uso do incenso na liturgia foi suprimido, sendo restaurado só após o edito de Constantino e o fim do paganismo.

Moisés recebeu do Senhor a ordem de construir um altar especial reservado ao incenso e ligado ao culto divino: "Farás também um altar para queimares nele o incenso..." (Êxodo 30,1 ss).

No início do Evangelho de Lucas, encontramos uma figura extraordinária que se encontra entre o Antigo e o Novo Testamentos: Zacarias. Este sacerdote da Antiga Aliança recebeu um anúncio especial de Deus "ao desempenhar as funções sacerdotais diante de Deus no turno de sua classe". Zacarias estava no Santo – o ambiente do Templo de Jerusalém que precedia o Santo dos Santos, onde a Arca da Aliança estava guardada – para "oferecer o incenso. Toda a assembleia do povo estava fora, em oração, na hora do incenso. Apareceu-lhe, então, o Anjo do Senhor, de pé, à direita do altar do incenso" (Lucas 1,9-11). Era o anjo Gabriel que levava ao ancião sacerdote o anúncio do nascimento de João Batista.

O incenso, ligado ao culto dos israelitas, estará, portanto, presente, com seu rico valor simbólico, também na liturgia cristã, especialmente na Igreja oriental.

Em Jerusalém, no século IV da era cristã, a famosa peregrina Egéria descrevia dessa forma uma liturgia realizada no

Santo Sepulcro de Jerusalém: "Quando foram cantados estes três salmos e feitas estas três orações, eis que se trouxeram turíbulos para dentro da gruta da Anastasi, para que toda a basílica se encha de perfumes" (Egéria, *Diário de viagem*).[16]

Na Jerusalém celeste, João viu representado, de forma extraordinária, o ritual conhecido por ele, do Templo de Jerusalém, com a oferta odorosa e incruenta do incenso, símbolo da oração adorante de todos os redimidos (Apocalipse 8,3-4).

---

[16] N.T.: Tradução nossa.

99

ÍCONE

Um rosto e uma presença

O gesto de incensar, beijar e adorar o ícone é de grande importância na grandiosidade das liturgias ortodoxas.

A Palavra de Deus proclamada, cantada e representada de maneira cênica no culto se oferece misteriosamente na imagem do ícone como pura "teologia visual".

O ícone é um meio evidente de investigar realidades não evidentes: salvação e sabedoria; é como uma "relíquia"; quem o pinta, ou melhor, quem o "escreve" – porque o ícone é considerado "Evangelho em imagens" – torna-se o meio para essa transmissão da graça. Nem sinal nem quadro, é símbolo da Presença e visão do mistério feito imagem.

Na longa gênese da iconografia cristã, o ícone assume a própria fisionomia por volta do século V. A ocasião foi oferecida pela presença de alguns protótipos: os retratos de Jesus e Maria, entre eles o "Mandylion" e, talvez, os retratos da Virgem atribuídos ao apóstolo Lucas. Quando, em 1453, o Império romano do Oriente entrou em colapso, os povos balcânicos contribuíram para aumentar tanto a produção quanto a difusão dessas representações sagradas.

Mais tarde, especialmente no Ocidente, a evolução pictórica deslizou para o realismo perceptivo, dando maior importância ao significante – ou à obra de arte – do que ao significado. Dessa forma, a arte tornava-se uma imitação da realidade e, se representasse algo que tivesse a ver com o divino, poderia aspirar ao máximo ser arte religiosa, mas nunca sagrada.

Enquanto a arte ocidental se torna tridimensional, o ícone não, onde os sujeitos permanecem ancorados a uma visão bidimensional, porque retirados das leis da natureza e da realidade. É uma escolha teológica precisa, na medida em que se tem clara a intenção de representar uma visão, uma irrupção do mundo espiritual neste nosso mundo através de uma janela.

Os rostos dos santos representados nos ícones pertencem ao mundo do espírito, estão fora do tempo, transfigurados: as figuras são estilizadas em uma imobilidade hierática, as proporções costumam muitas vezes serem alteradas, e as cores não são únicas.

Para entender o significado mais autêntico do ícone bizantino, então, é necessário referir-se ao seu caráter teológico e não se limitar somente ao aspecto estético. De fato, para o Oriente cristão a arte é inseparável da teologia e da liturgia. Tudo tem um significado preciso, e o artista tem a obrigação de se submeter ao símbolo teológico sem conceder nada às soluções técnicas da composição e das cores.

O ícone bizantino é construído de tal maneira que as linhas de força são direcionadas para um ou mais centros localizados à frente e fora do próprio ícone, precisamente em direção ao observador.

Dessa forma, o centro de convergência das linhas de força concentra-se nos olhos e no coração dos fiéis que contemplam e a quem o ícone é endereçado. É a irradiação da presença de Deus e dos santos no espírito daqueles que contemplam. É o mundo espiritual que se impõe e avança em direção aos fiéis para uma coparticipação.

100

AMÉM

A adesão a Cristo

No ofício divino da sinagoga hebraica, no Novo Testamento, em todas as liturgias cristãs e no islamismo, é a fórmula de aclamação e confirmação.

No Apocalipse (3,14), Cristo é simbolicamente chamado de "Amém".

Para entender o significado da palavra, é necessário, antes de tudo, entender a concepção judaico-cristã da fé. Na Bíblia, a fé não tem um valor intelectual, mas é uma atitude vital que envolve toda a pessoa, apanhada em sua unidade; não indica tanto o crer em uma verdade abstrata, mas o aderir – corpo, mente e alma – a uma verdade absoluta e pessoal: a Deus, que nos criou à sua imagem e semelhança, e a Jesus Cristo.

Em hebraico, as duas raízes fundamentais para expressar a fé, o crer, são *batakh* e *aman*: a primeira indica "confiar, ter confiança, colocar o pé no seguro", a outra determina "apego, adesão". Uma criança presa por uma faixa ao peito de sua mãe tem plena confiança (Isaías 66,12-13), em seus braços ela se sente segura (Salmo 131,2). Eis o que é a fé: adesão inabalável ao Deus fiel (Isaías 65,16), colocar a confiança só nele, permanecendo firme: "Se não o crerdes, não vos mantereis firmes" (Isaías 7,9).

É animado por essa consciência que o cristão também conclui a recitação do Pai-Nosso, dizendo: "Amém: sim, é assim, adiro com fé ao que é expresso nesta oração". O fiel diz isso tanto na oração pessoal quanto na comunitária, prestando o próprio coração e a própria voz a seus irmãos na fé. São Jerônimo vai além e compara o amém a "um estrondo semelhante a um trovão no céu", enquanto Cirilo de Jerusalém escreve: "No final da oração, você diz: amém, que significa 'assim seja', assinando tudo o que está contido na oração ensinada por Deus".

Por meio do amém, atestamos que o Pai julga a autenticidade e a legitimidade de toda oração pessoal e litúrgica; ao pronunciar o amém, cada um dos nossos diálogos com Deus recebe uma espécie de selo de conformidade: o que se conforma ao Pai pode subir a Deus, enquanto o que não é deve permanecer na terra. Além disso, com essa oração, cânon e síntese de toda oração cristã, atestamos que o próprio Cristo é o amém definitivo do amor do Pai por nós: "Todas as promessas de Deus encontraram nele o seu sim: por isto, é por ele que dizemos 'Amém' a Deus para a glória de Deus" (2 Coríntios 1,20).

A tradução "assim seja", no entanto, empobrece seu significado, distorcendo-o em parte e transformando-o em expressão de conformismo e de passividade.

Em vez disso, o termo – em sua etimologia hebraica – expressa imensamente mais, tornando-se a expressão do entusiasmo e da adesão do fiel. É por isso que ele não é traduzido, independentemente da língua que o fiel use para orar. Santo Agostinho, em alguns de seus *Sermões*, defende a intraduzibilidade dessa palavra: traduzi-la seria empobrecê-la.

BIBLIOGRAFIA RESUMIDA

BAUDRY, G.-H. *Simboli cristiani delle origini. I-VII secolo*, Milão, 2016.

BEIGBEDER, O. *La symbolique*, Paris, 1961.

CAIRO, G. *Dizionario ragionato dei simboli*, Bolonha, 2010 (rist. Anastatica, 1967).

CHEVALIER-A. GHEERBRANT, J. *Dizionario dei simboli*, Milão, 1986.

COLLIN DE PLANCY, J. *Dizionario infernale*, Milão, 1969.

COOPER, J. C. *Illustriertes Lexikon der traditionellen Symbole*, Munique, 1988.

DANIELOU, J. *I simboli cristiani primitivi*, Roma, 1990.

DULAEY, M. *I simboli cristiani. Catechesi e Bibbia (I-VI secolo)*, org. B. Pistocchi, Milão, 2004.

ELIADE, M. *Miti, sogni e misteri*, Milão 1976.

EVOLA, J. *I simboli della tradizione occidentale*, Turim, 1989.

FERGUSON, G. *Signs and Symbols in Christian Art*, Londres, 1961.

FORSTER, D. *Die Welt der Symbole*, Estugarda, 1977.

GUENON, R. *I simboli della scienza sacra*, Milão, 1990.

HUMBERT, R. *I simboli nell'arte popolare*, Bolonha, 1988.

KÖSTER, P. *Simboli e riti della fede. La celebrazione dei sacramenti*, Bolonha, 2014.

LUPI, R. *Simboli e segni cristiani. Nell'arte, nella liturgia, nel tempio*, Milão, 2007.

LURKER, M. *Dizionario delle immagini e dei simboli biblici*, org. G. Ravasi, Milão, 1990.

MOREL, C. *Dizionario dei simboli, dei miti e delle credenze*, Florença, 2016.

VRIES, A. DE. *Dictionary of Symbols and Imagery*, Londres, 1976.

Rua Dona Inácia Uchoa, 62
04110-020 – São Paulo – SP (Brasil)
Tel.: (11) 2125-3500
http://www.paulinas.com.br – editora@paulinas.com.br
Telemarketing e SAC: 0800-7010081